easy Korean 쉬워요 한국어

for foreigners

WORKBOOK5B

Easy Korean Academy 지음

한글파크

머리말

'easy Korean workbook 5B'는 'Easy Korean Academy'에서 개발한 'easy Korean' 시리즈와 함께 사용할 수 있는 보조 교재입니다.

이 교재의 특징은 한국 생활 사정 전반을 이해할 수 있도록 한국의 문화를 반영하는 다양한 주제를 다루고 있고, 각 주제와 관련된 어휘·문법·표현 등을 다양하게 연습할 수 있다는 점입니다. 또한 연습에 대한 모범 답안이 수록되어 있어 자율 학습의 자료로서도 활용이 가능합니다.

이 교재는 'easy Korean' 시리즈를 다년간 사용하면서 교사와 학습자들이 꼭 필요로 했던 내용만을 선별하여 담은 것으로 앞으로도 계속 수정, 보완해 나갈 예정입니다.

Easy Korean Academy는 질 높은 한국어 교육을 위하여 학습자와 교사 모두에게 유용하고 실용적인 한국어 학습 자료를 개발할 것을 약속드리며 마지막으로 교재 개발과 출판에 도움을 주신 모든 분들께 감사의 마음을 전합니다.

이지코리안 아카데미
원장 이상표

일러두기

본 교재는 〈easy Korean 5B〉의 학습자용 연습 교재입니다. 학습 현장에서뿐만 아니라 학습자 혼자서 공부하는 데 좋은 길잡이가 되었으면 합니다.

각 과는 〈easy Korean 5B〉의 '단어, 대화, 문형 연습, 읽기, 듣기, Jump Page'의 연습문제로 구성되어 있습니다. 교재의 마지막에는 문제의 답을 확인할 수 있는 '모범 답안'이 실려 있습니다.

효율적인 교재 이용을 위해 각 과의 구성을 소개하면 다음과 같습니다.

단어

각 과의 새로 나온 단어와 문형, 표현을 한눈에 볼 수 있게 제시하여 학습자가 본격적인 학습에 들어가기 전에 본 교재에서 배운 어휘와 표현을 상기할 수 있도록 하였습니다.

대화

각 과의 대화 부분에서 제시된 새로 나온 표현, 단어를 효과적으로 학습할 수 있도록 다양한 방식으로 제시했습니다.

문형 연습

각 과의 목표 문법 세 가지를 연습하여 활용할 수 있게 했습니다. 기본적인 연습부터 학습자 자신의 상황이나 의견을 이야기할 수 있는 문제도 수록했습니다.

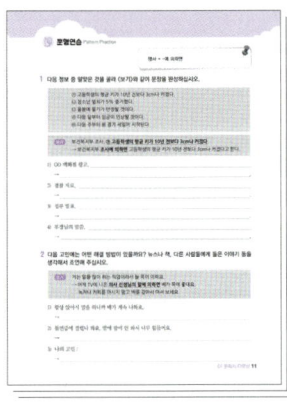

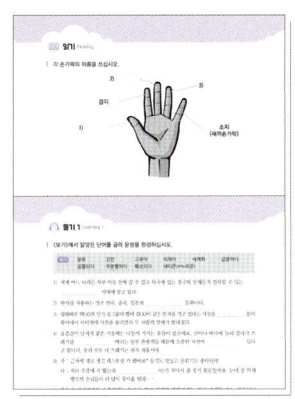

읽기/듣기

홀수 과에 있는 읽기와 짝수 과에 있는 듣기 부분에서
제시된 새로 나온 표현, 단어를 다양한 방식으로
정리하고 활용할 수 있게 했습니다.

읽어 봅시다

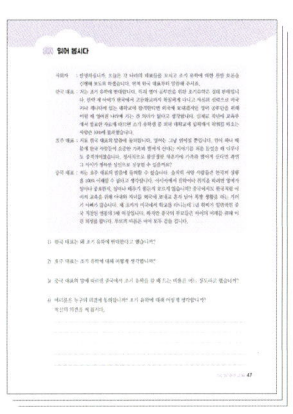

각 과의 주제와 관련된 글을 읽은 후, 내용을 확인하고
의견을 써 보는 문제를 수록하였습니다. 각 과에서 배운
필수 단어와 문법도 최대한 수록하여 해당 과의 효과적인
학습은 물론 읽기 실력의 향상도 꾀했습니다.

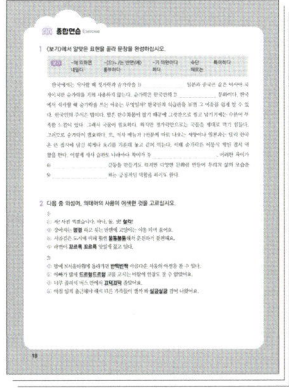

종합연습

각 과에서 배운 문형, 단어, 표현을 종합적으로
정리할 수 있는 문제를 수록하였고, '발음' 부분과
'Jump Page' 관련 문제를 추가하여 각 과의 내용에 대한
효과적인 복습은 물론 한국어 실력 향상에도
도움이 될 수 있도록 했습니다.

차례

머리말 3

일러두기 4

UNIT 01 문화의 다양성 9

UNIT 02 언어생활 19

UNIT 03 경제 29

UNIT 04 외국어 교육 39

UNIT 05 명절 49

UNIT 06 환경 59

UNIT 07 남녀 차이 71

UNIT 08 계절과 날씨 81

모범 답안 91

easy Korean 5B 교재 구성표

〈easy Korean WORKBOOK 5B〉 학습을 위한 〈easy Korean 5B〉 교재 구성표입니다.

단원	문형연습	읽기 / 듣기	쓰기	발음	Jump Page
UNIT01 문화의 다양성	· ~에 의하면 · ~(으)ㄴ/는 반면(에) · ~기 마련이다	〈읽기〉 · 영화로 본 다른 나라, 다른 제스처	· 문화 차이를 바라보는 시각		· 의성어와 의태어
UNIT02 언어생활	· ~다(가) 보니(까) · ~(이)라든지 ~같은/ 같이 · ~(으)로 인해(서)	〈듣기〉 · 한국어 속의 외래어 · 학생들의 욕설 사용 심각	· 외래어, 유행어 사용에 대한 의견	· 경음화	· 말과 관련된 속담
UNIT03 경제	· ~(으)ㄴ/는 것만 못하다 · ~(으)ㄴ/는 법이다 · ~다가는	〈읽기〉 · 마이크로 크래디트, 희망을 대출해 드 립니다.	· 경제 문제		· 경제와 관련된 속담
UNIT04 외국어 교육	· ~(으)ㄹ 리가 없다/ 있다 · ~(으)(느)냐에 따라 (서) · ~(으)려거든	〈듣기〉 · 외국어 학습 방법 · 조기 외국어 교육	· 외국어 교육에 대한 찬반 토론	· ㅎ 축약	· 학습 관련 사자성어
UNIT05 명절	· ~기로는 · ~기(가) 무섭게 · ~어차피 (으)니까	〈읽기〉 · 한국의 3대 명절	· 자기 나라의 명절 소개하기		· 차례 지내기
UNIT06 환경	· ~아/어서 그런지 · ~(으)ㄴ/는 탓에 · ~았/었더라면	〈듣기〉 · 지구온난화 · 환경보호에 앞장 서는 유명인들	· 환경 보호 표어 포스터	· 자음동화 ㄴ+ㄹ ㄹ+ㄴ	· 접두사
UNIT07 남녀 차이	· ~(으)ㄹ걸요 · ~다(가) 보면 · ~기 십상이다	〈읽기〉 · 서평 : 화성에서 온 남자, 금성에서 온 여자	· 남녀 역할의 사회적 인식 변화		· 접미사
UNIT08 계절과 날씨	· ~(ㄴ/는)다니(요) · ~기는 틀리다 · ~(으)ㄴ/는걸요	〈듣기〉 · 일기예보 · 날씨 마케팅	· 오늘의 날씨	· 구개음화	· 날씨 관련 속담 및 사자 성어

UNIT 01 문화의 다양성

 단어 Vocabulary

💬 대화
- □ 고개(를) 젓다
- □ 끄덕이다
- □ 몸짓
- □ 푸른색
- □ 문화권
- □ 불길하다
- □ 그나저나

📝 문형 연습
- □ 대박

📖 어휘
- □ 인류
- □ 인종
- □ 풍습
- □ 전통
- □ 의식주
- □ 의사소통
- □ 주먹을 쥐다
- □ 띄우다
- □ 이마를 맞대다
- □ 가리키다
- □ 손을 흔들다

📖 읽기
- □ 세계 2차 대전
- □ 산악인
- □ 구부리다

✒️ 쓰기
- □ 식용

🏷️ Jump page
- □ 의성어 :
  콜록콜록, 쨍그랑,
  보글보글, 찰칵,
  드르렁, 펄럭펄럭,
  꼬르륵, 꼬끼오,
  멍멍, 야옹
- □ 의태어 :
  끄덕끄덕, 허둥지둥,
  울퉁불퉁, 글썽글썽,
  아슬아슬, 반짝반짝,
  살금살금, 비틀비틀,
  방긋(방긋)

📘 문법
- □ ~에 의하면
- □ ~(으)ㄴ/는 반면(에)
- □ ~기 마련이다

1 〈보기〉에서 알맞은 단어를 골라 문장을 완성하십시오.

보기	일반적이다	고개를 젓다	고개를 끄덕이다	몸짓
	문화권	푸른색	젊음	불길하다

1) 가 : 영화배우 OO 씨 정말 예쁘죠? 안 늙는 것 같아요.

   나 : 맞아요. 얼마 전에 한 TV 프로그램에서 봤는데 저 배우는 ＿＿＿＿＿＿＿＿을/를 유지하기
       위해서 매일 2시간 이상 운동하고, 라면 같은 인스턴트 음식은 절대 안 먹는대요.

2) 미국에서는 아침에 거울이 깨지면 ＿＿＿＿＿＿＿고 생각해서 하루 종일 나쁜 일이 생기지 않
   도록 조심한다.

3) 한국에서는 나무, 산, 하늘, 바다의 색깔을 모두 '＿＿＿＿＿＿＿'(이)라고 한다.

4) 가 : 13개월 된 우리 딸이 어제 밥을 먹는데 싫어하는 음식을 보고 처음으로 ＿＿＿＿＿＿＿.

   나 : 하하하, 귀여웠겠네요. 그럼 좋아하는 음식을 보면 ＿＿＿＿＿＿＿＿＿＿＿?

   가 : 그럼요, 좋다는 표현은 몇 달 전부터 했어요.

5) 처음 유학을 갔을 때는 말을 못해서 가게에 물건을 사러 가면 ＿＿＿＿＿＿＿(으)로만 표현해
   야 했어요. 예를 들면 사과를 한 개 사고 싶으면 손가락을 하나 보여 주는 것처럼요.

6) 가 : 한국에서는 대학교에 가는 게 ＿＿＿＿＿＿＿ 것 같아요.

   나 : 네, 대부분의 사람들이 대학교에 가야 한다고 생각하니까 경쟁이 너무 심해지는 것 같아요.

7) 한국, 중국, 일본 세 나라는 한자 ＿＿＿＿＿＿＿이다. 그래서 한자로 된 단어는 서로 비슷한
   발음이 많다.

📝 문형연습 Pattern Practice

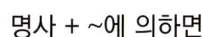명사 + ~에 의하면

1 다음 정보 중 알맞은 것을 골라 〈보기〉와 같이 문장을 완성하십시오.

> ㉮ 고등학생의 평균 키가 10년 전보다 3cm나 커졌다.
> ㉯ 청소년 범죄가 5% 증가했다.
> ㉰ 올봄에 물가가 안정될 것이다.
> ㉱ 다음 달부터 임금이 인상될 것이다.
> ㉲ 다음 주부터 봄 정기 세일이 시작된다.

> 보기 보건복지부 조사, ㉮ **고등학생의 평균 키가 10년 전보다 3cm나 커졌다.**
> → 보건복지부 **조사에 의하면** 고등학생의 평균 키가 10년 전보다 3cm나 커졌다고 한다.

1) OO 백화점 광고, _____

→ _____ .

2) 경찰 자료, _____

→ _____ .

3) 정부 발표, _____

→ _____ .

4) 부장님의 말씀, _____

→ _____ .

2 다음 고민에는 어떤 해결 방법이 있을까요? 뉴스나 책, 다른 사람들에게 들은 이야기 등을 생각해서 조언해 주십시오.

> 보기 저는 말을 많이 하는 직업이라서 늘 목이 아파요.
> → 어제 TV에 나온 **의사 선생님의 말에 의하면** 배가 목에 좋대요.
> 녹차나 커피를 마시지 말고 배를 갈아서 마셔 보세요.

1) 항상 앉아서 일을 하니까 배가 계속 나와요.

→ _____

2) 불면증에 걸렸나 봐요. 밤에 잠이 안 와서 너무 힘들어요.

→ _____

3) 나의 고민 :

→ _____

문형연습 Pattern Practice

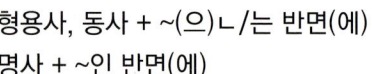
형용사, 동사 + ~(으)ㄴ/는 반면(에)
명사 + ~인 반면(에)

1 〈보기〉와 같이 '~(으)ㄴ/는 반면(에)'를 사용해서 문장을 완성하십시오.

보기 한국 음식은 맵다. •　　　　　　　　• ㉮ 늦게까지 일을 시킨다.

1) 형은 성적이 반에서 1등이다 •　　　　　• ㉯ 일본 음식은 맵지 않다.

2) 마이클 씨는 읽기를 못한다. •　　　　　• ㉰ 운동 실력은 꼴찌이다.

3) 그 회사는 월급을 많이 준다. •　　　　　• ㉱ 말하기를 잘한다.

보기　　한국 음식은 **매운 반면(에)** 일본 음식은 맵지 않다.

1) _____

2) _____

3) _____

2 〈보기〉와 같이 '~(으)ㄴ/는 반면(에)'를 사용해서 문장을 완성하십시오.

보기　　한 조사에서 30~40대 남성들의 90% 이상이 '명절이 즐겁다'고 **대답한 반면** 여성의 70% 이상은 '명절은 힘들다'고 답한 것으로 나타났다.

1) _____ 섬유 업계의 매출은 감소했다.

2) _____ 한국을 방문하는 관광객은 증가했다.

3) 한국은 _____ 반면에 우리나라는 _____

3 다음은 압구정역 근처에 있는 커피숍에 대한 정보입니다. 각 커피숍의 특징을 '~(으)ㄴ/는 반면에'를 사용해서 쓰십시오.

	C 커피숍	T 커피숍	P 커피숍
커피 가격 (아메리카노)	6000원 (고급 원두 사용)	2000원 (보통 원두 사용)	4300원 (유명 체인, 고급 원두 사용)
할인	* 테이크아웃 30% * 10잔 마시면 1잔 무료 * 무료 리필 1회	없음	* 회원카드를 만들면 여러 가지 할인 가능 (10잔 마시면 1잔 무료, 생일 축하 쿠폰 등)
분위기	* 고급스럽고 조용하고 편안한 분위기이다. * 소파가 좋아서 오래 앉아 있기 편하다.	* 앉을 자리가 좁다. * 토스트도 판매한다.	* 매장이 넓지만 항상 사람이 많다. * 빵, 쿠키도 다양하고 맛있다.
위치	압구정역 1번 출구에서 도보로 15분	압구정역 4번 출구에서 도보로 5분	압구정역 2번 출구에서 도보로 1분

보기　C 커피숍은 값이 **비싼 반면에** 할인도 많이 되고 분위기가 좋아요.

1) _____

2) _____

3) _____

📝 **문형연습** Pattern Practice

형용사, 동사 + ~기 마련이다

1 〈보기〉와 같이 '~기 마련이다'를 사용해서 문장을 완성하십시오.

> **보기**　유머 감각이 있으면 친구가 **많기 마련이다**.

1) 돈이 많으면 _____ .

2) 오랫동안 고향을 떠나 있으면 _____ .

3) 올림픽이나 월드컵을 개최하면 _____ .

4) 죄를 지으면 _____ .

5) 부지런히 일하면 _____ .

6) 아이들이 자라면 _____ .

7) 미국으로 이민을 가면 _____ .

8) 사람이 병에 걸리면 _____ .

9) 책을 많이 읽을수록 _____ .

10) 비밀은 아무리 숨기려고 해도 언젠가는 _____ .

2 다음 주제 중 관심 있는 것을 골라 〈보기〉와 같이 '~기 마련이다'를 사용해서 쓰십시오.

친구	가족	성공	실패	해외여행	
돈	인생	욕심	고정관념	추억	
스트레스	젊음	세대 차이	습관	행운	행복

> **보기**　세대 차이 : 어느 나라, 어느 사회에서나 세대 차이는 **있기 마련이다**. 각자의 차이를 인정하고 서로 이해하려는 노력이 필요하다.

1) _____ : _____

2) _____ : _____

3) _____ : _____

14

1 각 손가락의 이름을 쓰십시오.

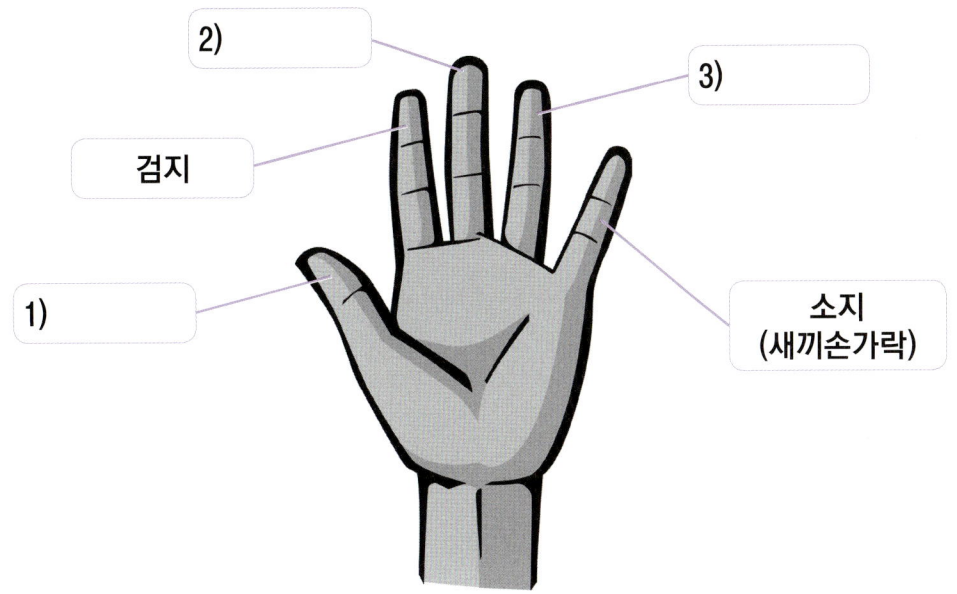

2) _____ 3) _____

검지

1) _____

소지
(새끼손가락)

2 반대 의미를 가진 말끼리 연결하십시오.

1) 때로는(=때때로, 간혹) •   • ㉮ 부족하다
2) 특이하다 •   • ㉯ 자주
3) 내밀다 •   • ㉰ 보통이다
4) 풍부하다 •   • ㉱ 구부리다
5) 펴다 •   • ㉲ 제외되다
6) 속하다 •   • ㉳ 넣다

3 〈보기〉에서 알맞은 단어를 골라 문장을 완성하십시오.

| 보기 | 수단 | 추측 | 산악인 | 실화 | 인종 | 스파이 | 승리 | 평화 | 의사소통 |

1) 가 : 한국에서 가장 자주 이용하는 교통 _____이/가 무엇입니까?

   나 : 저는 주로 지하철을 이용합니다.

2) 전문가들은 이 유물이 적어도 300년 전에 만들어졌을 것이라고 _____하고 있다.

3) 에베레스트, K2, 안나푸르나와 같은 세계적인 산에 오르는 것을 직업으로 하는 사람들을
   '_____'(이)라고 한다.

4) 마하트마 간디(Mahatma Gandhi)는 _____ 차별에 반대하는 사회 운동을 한 것으로
   유명하다.

5) 요즘 한국에서는 실제로 있었던 이야기인 _____(으)로 만들어진 영화들이 많은 사랑
   을 받고 있다.

6) 가 : 이○○ 선수, 올림픽을 위해 지난 4년 동안 엄청난 노력을 하셨는데요, 지금 기분이 어떠십니
      까?

   나 : 네, 이번 경기에서 _____을/를 하게 돼서 정말 기쁘고요, 개인적으로 이번 올림
      픽을 통해 슬럼프를 극복할 수 있게 된 것 같아 기분이 좋습니다.

7) 1980년대까지만 해도 남한과 북한의 관계는 매우 좋지 않았다. 북한에서 보낸 _____이/가
   비행기를 폭발시키는 등의 테러를 계획하는 일도 많았다. 하지만 지금은 남북 관계가 많이 좋아
   졌고 전쟁과 같은 큰 문제없이 _____ 통일을 하는 것이 두 나라의 목표이다.

8) 처음 한국에 왔을 때는 한국말을 거의 몰라서 우체국이나 은행에 가면 _____이/가
   정말 힘들었다.

📖 읽어 봅시다

1 다음은 승리를 나타내는 'V' 제스처의 유래입니다. 여러분의 나라에도 이와 같이 특별한 의미가 있는 제스처가 있습니까?

> 승리를 의미하는 'V'를 대중화시킨 사람은 바로 영국의 수상 윈스턴 처칠(Winston Churchill)이다. 세계 2차 대전 당시 독일의 무수한 공격을 받고도 절대 포기하지 않고 연합군의 승리를 이끌었던 처칠은 사진을 찍을 때마다 손가락으로 'V'를 나타냈다. 처칠이 승리를 자신하며 'V'자 손가락을 치켜든 모습은 전 세계 신문의 헤드라인을 장식했다. 이후 'V'는 승리를 상징하는 유명한 제스처가 되었다.

_____

_____

2 다음 그림의 몸짓을 어떻게 표현할까요? 〈보기〉에서 골라 쓰십시오.

보기		
1) 허리를 굽히다	2) 째려보다	3) 팔짱을 끼다
4) 손으로 턱을 괴다	5) 다리를 꼬고 앉다	6) 무릎을 꿇다

가

_____

나

_____

다

_____

라

_____

마

_____

바

_____

1 〈보기〉에서 알맞은 표현을 골라 문장을 완성하십시오.

보기	~에 의하면	~(으)ㄴ/는 반면(에)	~기 마련이다	수단	특이하다
	내밀다	풍부하다	펴다	때로는	

　한국에서는 식사할 때 젓가락과 숟가락을 1) ＿＿＿＿＿＿＿＿ 일본과 중국은 같은 아시아 국가이지만 숟가락을 거의 사용하지 않는다. 숟가락은 한국만의 2) ＿＿＿＿＿＿ 문화이다. 한국에서 식사할 때 숟가락을 쓰는 이유는 무엇일까? 한국인의 식습관을 보면 그 이유를 쉽게 알 수 있다. 한국인의 주식은 밥이다. 밥은 탄수화물이 많기 때문에 그것만으로 씹고 넘기기에는 수분이 부족한 느낌이 있다. 그래서 국물이 필요하다. 하지만 젓가락만으로는 국물을 제대로 먹기 힘들다. 그러므로 숟가락이 필요하다. 또, 식사 메뉴가 1인분씩 따로 나오는 서양이나 일본과는 달리 한국은 큰 접시에 담긴 찌개나 요리를 가운데 놓고 같이 먹는다. 이때 숟가락은 이동식 개인 접시 역할을 한다. 이렇게 식사 습관도 나라마다 차이가 3) ＿＿＿＿＿＿＿＿＿＿. 이러한 차이가 4) ＿＿＿＿＿＿＿ 갈등을 만들기도 하지만 다양한 문화를 만들어 우리의 삶의 모습을 5) ＿＿＿＿＿＿＿ 하는 긍정적인 역할을 하기도 한다.

2 다음 중 의성어, 의태어의 사용이 <u>어색한</u> 것을 고르십시오.

1)
① 자! 사진 찍겠습니다. 하나, 둘, 셋! **찰칵**!
② 강아지는 **멍멍** 하고 짖는 반면에 고양이는 야옹 하며 울어요.
③ 시골길은 도시에 비해 훨씬 **울퉁불퉁**해서 운전하기 불편해요.
④ 라면이 **꼬르륵 꼬르륵** 맛있게 끓고 있다.

2)
① 밤에 N서울타워에 올라가면 **반짝반짝** 아름다운 서울의 야경을 볼 수 있다.
② 아빠가 밤새 **드르렁드르렁** 코를 고시는 바람에 한잠도 잘 수 없었어요.
③ 너무 졸려서 버스 안에서 **끄덕끄덕** 졸았어요.
④ 아침 일찍 출근해야 해서 다른 가족들이 깰까 봐 **살금살금** 걸어 나왔어요.

UNIT 02

언어생활

 단어 Vocabulary

도입
- □ 확산
- □ 간판

🎬 대화
- □ 어휘
- □ 문법
- □ 유행어
- □ 외래어
- □ 한층
- □ 웰빙
- □ 얼짱
- □ 부쩍

📖 어휘
- □ 비속어
- □ 외국어
- □ 전문용어
- □ 의사소통
- □ 교류하다
- □ 급증하다
- □ 무분별하다
- □ 분류하다
- □ 우려하다
- □ 차지하다
- □ 풍부하다
- □ 훼손하다

📑 문형 연습
- □ 도박꾼
- □ 노숙자
- □ 범죄자
- □ 정상

🎧 듣기
- □ 고유어

✎ Jump page
- □ 가는 말이 고와야 오는 말이 곱다
- □ 낮말은 새가 듣고 밤말은 쥐가 듣는다
- □ 말 한 마디에 천 냥 빚도 갚는다
- □ 발 없는 말이 천리 간다
- □ 호랑이도 제 말 하면 온다
- □ 사돈 남(의) 말 한다
- □ 아 다르고 어 다르다
- □ 사공이 많으면 배가 산으로 간다

📘 문법
- □ ~다(가) 보니(까)
- □ ~(이)라든지 ~같은/같이
- □ ~(으)로 인해(서)

1 〈보기〉에서 알맞은 단어를 골라 문장을 완성하십시오.

보기	자신감	어휘	문법	유행어	외래어	한층
	웰빙(Well-being = 참살이)		얼짱	부쩍	세대	

1) 한국어에는 '컴퓨터, 돈가스'처럼 외국에서 들어온 말을 국어처럼 사용하는 _____이/가 많다.

2) 3년 만에 만난 조카가 못 본 사이에 _____ 커서 나랑 키가 비슷해졌다.

3) 한국은 1988년 서울올림픽을 개최하면서 경제적, 문화적으로 _____ 발전했다.

4) 1990년대 후반부터 잘 먹고 잘 사는 방법을 뜻하는 _____에 대한 관심이 높아졌다.

5) 가 : 가수 이○○ 씨는 정말 미모가 대단한 것 같아요.

　　나 : 네, 인터넷 _____ 출신이라서 그런지 생얼로 찍은 셀카 사진도 진짜 예뻐요.

6) 가 : 한국어랑 일본어는 비슷한 _____이/가 많다면서요? 다나카 씨는 일본 사람이니까 한국어 공부할 때 편하겠어요.

　　나 : 그런 점도 있는데 저는 _____이/가 부족해서 말하기가 힘들어요. 단어를 더 열심히 공부해야 할 것 같아요.

7) 10대들이 자주 사용하는 _____을/를 50~60대에게 물어봤더니 무려 80% 이상이 '무슨 뜻인지 이해할 수 없다'고 답했다. 최근 스마트폰 사용이 급증하면서 _____ 간의 언어 차이가 더욱 심해지고 있다.

8) 가 : 선생님, 저는 아무리 공부해도 한국어가 늘지 않는 것 같아요.

　　나 : 무슨 말씀이세요. 미호 씨는 실력이 아주 빨리 늘고 있어요. 좀 더 _____을/를 가지세요! 지금 아주 잘하고 있어요!

 **문형연습** Pattern Practice

동사 + ~다(가) 보니(까)

1 〈보기〉와 같이 '~다(가) 보니(까)'를 사용해서 문장을 완성하십시오.

> 보기   직업상 외국인을 자주 만나다 보니까 **자연스럽게 여러 나라의 문화에 대한 상식이 풍부해졌어요**.

1) 오랫동안 자취 생활을 하다가 보니까 _____.

2) 직업이 요리하는 일이다 보니까 _____.

3) 사람 만나는 걸 좋아하다 보니 _____.

4) 뮤지컬의 매력에 빠지다 보니 _____.

5) 애인이 한국 사람이다 보니까 _____.

6) 열심히 이야기를 듣다가 보니까 _____.

7) 부모님께 용돈을 넉넉히 받다 보니 _____.

8) 첫인상은 별로였는데 계속 만나다 보니 _____.

9) 한 직장에서 오래 있다 보니까 _____.

2 다음 대화에서 '~다(가) 보니(까)'로 답하십시오.

1) 가 : 한국 음식을 정말 좋아하시는 것 같아요.

　　나 : _____.

2) 가 : 어떻게 그 많은 나라의 문화를 다 잘 아세요?

　　나 : _____.

3) 가 : 한복을 입고 지내기가 불편하지 않으세요?

　　나 : _____.

4) 가 : 저는 운동은커녕 걸어 다니기도 힘든데 매일 그렇게 운동을 많이 하면 피곤하지 않으세요?

　　나 : _____.

5) 가 : 와! 음식 솜씨가 진짜 좋으시네요!

　　나 : _____.

문형연습 Pattern Practice

1 〈보기〉와 같이 '~(이)라든지 ~같은/같이'를 사용해서 대화를 완성하십시오.

> **보기**　가 : 한국에 처음 온 친구에게 어떤 요리를 추천하는 게 좋을까요?
> 　　　　나 : **비빔밥이라든지 불고기 같은** 전통 요리를 먹어 보라고 하세요.

1) 가 : 이번 방학에 뭘 하면 좋을까요?

　　나 : _____ 같이 유명한 관광지에 가 보세요.

2) 가 : 살을 좀 빼고 싶은데 어떤 운동이 좋을까요?

　　나 : _____ 같은 유산소 운동을 해 보세요.

3) 가 : ○○ 씨 고향에서 유명한 요리는 어떤 게 있죠?

　　나 : _____.

4) 가 : 디지털 기기에는 어떤 것들이 있나요?

　　나 : _____.

5) 가 : 부모님께 드릴 선물로 어떤 게 좋을까요?

　　나 : _____.

6) 가 : 책을 좋아하세요?

　　나 : _____.

7) 가 : 신혼 여행지로 어디가 좋을까요?

　　나 : _____.

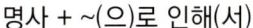

명사 + ~(으)로 인해(서)

1 다음에서 알맞은 것을 골라 〈보기〉와 같이 문장을 완성하십시오.

> ㉮ 담배를 끊는 사람이 늘고 있다.
> ㉯ 교통이 통제되고 있는 곳이 많다.
> ㉰ 건물과 도로가 파괴되었다.
> ㉱ 공장이 불에 타서 재산 피해가 30억 원을 넘었다.
> ㉲ 홍수가 났다.
> ㉳ 환경오염이 심각하다.
> ㉴ 교통사고가 빈번히 발생하고 있다.

> **보기**　담배 값 인상 / ㉮ **담배를 끊는 사람이 늘고 있다.**
> → **담배 값 인상으로 인해** 담배를 끊는 사람이 늘고 있다.

1) 지진 / _____

　→ _____ .

2) 시위 / _____

　→ _____ .

3) 이번 화재 / _____

　→ _____ .

4) 운전자의 부주의 / _____

　→ _____ .

5) 장마 / _____

　→ _____ .

6) 배기가스 / _____

　→ _____ .

2 〈보기〉와 같이 '~(으)로 인해(서)'를 사용해서 문장을 완성하십시오.

> **보기**　**유가 인상으로 인해** 자가용을 이용하는 사람의 수가 줄었다.

1) _____ 전국적으로 수십만 대의 컴퓨터가 피해를 입었다.

2) 봄이면 _____ 업무 효율이 떨어진다.

3) 현대인의 질병은 외적인 원인보다 _____ 생기는 경우가 많다.

4) _____ 병원을 찾는 환자들이 많이 증가했다고 한다.

5) 외모에 대한 관심의 _____ 성형 수술을 하는 사람이 늘고 있다.

6) _____ 위가 약해졌다.

7) _____ 생활 방식이 많이 바뀌었다.

8) _____ 바다가 오염되었다.

9) _____ 운전면허가 취소되었다.

10) _____ 정신적인 피해를 입었다.

3 다음 사회현상의 원인에 대해 〈보기〉와 같이 쓰십시오.

〈소아청소년 비만 증가〉

〈삼포 세대의 등장〉

보기 인스턴트 식품, 패스트 푸드의 **잦은 섭취로 인해서** 소아청소년 비만이 늘고 있다.

1) _____
_____

〈귀농, 귀촌의 증가〉

〈셀프 웨딩, 스몰 웨딩 증가〉

2) _____
_____
_____

3) _____
_____
_____

1 〈보기〉에서 알맞은 단어를 골라 문장을 완성하십시오.

보기	분류	간판	고유어	외래어	세계화	급증하다
	공통되다	무분별하다	훼손되다	네티즌(=누리꾼)		

1) 세계 어느 나라든 하루 이틀 안에 갈 수 있고 외국에 있는 친구와 언제든지 연락할 수 있는 _____ 시대에 살고 있다.

2) 한자를 사용하는 것은 한국, 중국, 일본의 _____ 문화이다.

3) 영화배우 박○○과 인기 걸그룹의 멤버 김○○이 같은 반지를 끼고 있다는 사실을 _____들이 찾아내어 인터넷에 사진을 올리면서 두 사람의 열애가 밝혀졌다.

4) 요즘같이 날씨가 좋은 가을에는 나들이 가시는 분들이 많은데요. 산이나 바다에 놀러 갔다가 쓰레기를 _____ 버리는 일부 관광객들 때문에 소중한 자연이 _____ 있다고 합니다. 우리 모두 내 쓰레기는 내가 치웁시다.

5) 가 : 근처에 새로 생긴 레스토랑 가 봤어요? 음식도 맛있고 분위기도 좋다던데.

　　나 : 지난 주말에 가 봤는데 _____ 이/가 작아서 좀 찾기 힘들었어요. 눈에 잘 띄게 했으면 손님들이 더 많이 찾아올 텐데…….

6) 환율이 낮아지면서 수출업계는 울상을 짓고 있지만 관광업계는 한국 여행을 오는 외국인이 _____ 웃음을 짓고 있다.

7) 가 : 김○○ 씨, 내일까지 이 서류 좀 정리해 주세요.

　　나 : 네, 알겠습니다. 그런데 어떻게 _____하는 게 좋을까요?

　　가 : 우선 날짜별로 나눠서 정리해 주세요.

8) '아름답다', '하늘'처럼 원래부터 한국에서 사용하던 말을 _____(이)라고 한다.

1 〈보기〉에서 알맞은 표현을 골라 문장을 완성하십시오.

보기	욕설	절반	교육을 받다	심각하다
	수준	실시하다	~을/를 중심으로	

1) 20~30대 회사원 5천 명을 대상으로 설문조사를 _____ 결과, 응답자의 _____ 이/가 넘는 52%가 '회사를 그만두고 싶다'고 답해 직장에서 받는 스트레스가 큰 것으로 나타났다.

2) 요즘 아이들이 습관처럼 _____ 을/를 사용하는 것 같아 걱정이에요. 아마 무슨 의미인 지도 잘 모르고 나쁜 말을 쓰는 것 같은데 바른 언어 사용에 대한 _____ 아/어야 한다 고 생각해요.

3) 서울시가 명동, 이태원과 같은 유명한 관광지_____ 바가지요금이 없는지, 가격을 잘 표시하고 있는지 조사를 시작했다.

4) 가 : 어떤 사람하고 결혼하고 싶어요?

   나 : 음……. 여러 가지가 중요하겠지만 역시 가정환경이나 경제 _____ 이/가 비슷한 사람하고 결혼하는 게 좋을 것 같아요. 그렇지 않으면 결혼 후에도 계속 갈등이 생길 것 같 아요.

5) 가 : 다음 달에 수술을 받아야 해서 일주일 간 휴가를 냈어요.

   나 : 헉! 혹시 _____ 수술이에요?

   가 : 아니에요. 눈이 나빠서 라식수술을 하려고요.

읽어 봅시다

1 다음은 순화어에 대한 설명과 그 예입니다. 다음의 외래어나 외국어를 알맞은 순화어와 연결하십시오.

국립국어원에서는 외래어, 외국어를 바르고 쉬운 우리말(순화어)로 다듬고 있다. 지난 10년간 국립국어원에서 선정한 순화어는 4백여 개에 달한다. 순화어는 시민들이 제안한 후보작 중에 전문가 위원회가 적절한 단어를 골라 선정하게 되는데, '내비게이션'을 '길 도우미'로, '정크푸드'를 '부실 음식'으로 바꾼 것이 그 예이다.

1) 식비 •
2) 다크서클 •
3) 네티즌 •
4) 트렁크 •
5) 킬힐 •
6) 테이크아웃 •
7) S라인 •
8) 피팅 모델 •

• ㉮ 까치발 구두
• ㉯ 호리병 몸매
• ㉰ 밥값
• ㉱ 누리꾼
• ㉲ 맵시 도우미
• ㉳ 눈그늘
• ㉴ 짐 가방, 여행용 가방
• ㉵ 사 가기

2 여러분의 나라에도 외래어나 외국어를 다듬은 순화어가 있습니까? 외래어나 외국어를 순화어로 다듬는 것에 대해서 어떻게 생각합니까? 써 보십시오.

1 〈보기〉에서 알맞은 표현을 골라 문장을 완성하십시오.

보기	간판	고유어	외래어	외국어	세계화
	급증하다	공통되다	분류하다	~다(가) 보니(까)	
	~(이)라든지	~같은/같이	~(으)로 인해(서)		

　한국인이 사용하고 있는 어휘를 ¹⁾_____(으)면 원래부터 한국에서 사용했던 ²⁾_____와/과 중국, 미국 등 다른 나라에서 들어온 어휘로 나눌 수 있습니다. '학교', '학생', '의자' 같은 한자어는 원래는 중국에서 들어온 말이지만 한국인이 생활 속에서 자연스럽게 사용하고 있는 ³⁾_____입니다. 반면 '와이프(wife)'라든지 '페이(pay)' 같은 단어는 '아내', '지불'과 같은 한국어로 바꿔서 표현할 수 있으므로 ⁴⁾_____입니다.

　요즘 거리에서 식당이나 커피숍 ⁵⁾_____을/를 살펴보면 대부분 영어로 되어 있는 것을 볼 수 있습니다. ⁶⁾_____ 시대에 영어를 자주 사용하게 된 것은 자연스러운 일이기는 하지만 무분별한 외국어 사용⁷⁾_____ 아름다운 우리말이 훼손될까 걱정하는 목소리도 많습니다. 아름다운 우리말을 많이 사용하자는 의미에서 최근 인사동이나 삼청동, 광화문과 같이 한국을 대표하는 명소들의 간판을 한글로 바꾸고 있습니다.

2 다음 중 <u>어색한</u> 대화를 고르십시오.

① 가 : 어제 선생님이랑 같이 점심 먹으려고 했는데 다들 먹고 싶은 게 달라서 결국 못 먹었어요.

　　나 : 그래서 **사공이 많으면 배가 산으로 간다**는 거예요. 사람이 많으면 결정하기 힘들죠.

② 가 : 너는 정말 안 늙는다. 피부가 어쩜 그렇게 좋니?

　　나 : **가는 말이 고와야 오는 말도 곱다**더니! 네 피부가 더 좋아!

③ 가 : 미영이 진짜 예뻐졌지? 성형한 거 아닐까?

　　나 : 야, 조용히 해! 저기 미영이 왔어.

　　가 : 헉! **호랑이도 제 말하면 온다**고 하더니……

④ 가 : 리에 씨는 말 한마디를 해도 듣는 사람을 배려하면서 하는 것 같아요.

　　나 : 그러게요. **말 한마디로 천 냥 빚도 갚는다**던데, 리에 씨는 아마 어디 가서나 사람들에게 호감을 살 거예요.

UNIT 03 경제

 단어 Vocabulary

도입
- 대접
- 기부

🎬 대화
- 경기
- 재산
- 펀드
- 주식
- 투자
- 수익성
- 안전성
- 차근차근
- 전문가

📖 어휘
- 예금
- 적금
- CMA
- 부동산
- 미술품투자
- 금
- (은행)대출
- 사채
- 이자
- 환율
- 담보

📝 문형 연습
- 일벌레
- 과잉보호

📖 읽기
- 미소금융
- 노벨평화상
- 빈곤
- 시달리다
- 소액대출
- 약관
- 지참금
- 회수율
- 흑자
- 신용도
- 휴면 예금

✏️ 쓰기
- 복지
- 불공정 분배
- 과소비

🔖 Jump page
- 티끌 모아 태산이다
- 돈이 돈을 번다
- 돈을 물 쓰듯 하다
- 외상이면 소도 잡아 먹는다
- 밑 빠진 독에 물 붓기
- 남의 집 금송아지가 내 집 송아지만 못하다
- 개같이 벌어서 정승 같이 쓴다

📋 문법
- ~(으)ㄴ/는 것만 못하다
- ~(으)ㄴ/는 법이다
- ~다가는

 **대화** Dialogue

1 〈보기〉에서 알맞은 단어를 골라 문장을 완성하십시오.

보기	경기	재산	펀드	주식	투자
	수익성	안정성	차근차근	전문가	

1) 요즘 _____이/가 안 좋아서 문을 닫는 가게가 많아요.

2) 가 : 빨리 목돈을 만들고 싶어서 K 기업의 _____을/를 사 볼까 했는데 역시 너무 위험
   해서 안 되겠어요.
   나 : 그럼 은행에 가서 _____에 가입해 보세요. _____이/가 좋은 상품은 연
   30%까지도 이자를 받을 수 있어요.

3) 주변에 _____이/가 많은 부자들을 보면 앞으로 가격이 오를 것 같은 땅이나 건물에
   적극적으로 _____을/를 하더라고요.

4) 외국어를 배울 때 빨리 말하고 싶은 마음에 기초를 소홀히 하기 쉽지만 무슨 일이든 _____
   해야지 실력이 좋아질 수 있다.

5) 저는 재테크를 할 때 _____을/를 중요하게 생각하는 편이에요.
   그래서 남들이 아무리 좋다고 해도 부동산이나 주식처럼 변동이 심한 재테크는 싫어요. 힘들게
   번 돈을 하루아침에 다 잃을 수도 있잖아요.

6) 연애에 있어서는 민수 씨가 _____이에요/예요. 애인하고 문제가 생기면 그 사람에게
   상담해 보세요.

📝 문형연습 Pattern Practice

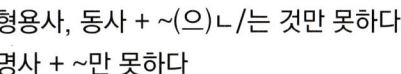

> 형용사, 동사 + ~(으)ㄴ/는 것만 못하다
> 명사 + ~만 못하다

1 〈보기〉와 같이 속담의 의미를 정리해 봅시다.

> **보기** **남의 돈 천 냥이 내 돈 한 푼만 못하다.**
> → 남의 많은 재산보다 나의 적은 재산이 더 낫다는 것으로 아무리 좋은 것이라고 해도 내 수중에 없으면 아무 소용이 없다는 뜻이에요.

1) 가다 말면 안 가는 것만 못하다.

→ _____

2) 넘치면 부족한 것만 못하다.

→ _____

3) 먼 친척이 가까운 이웃만 못하다.

→ _____

4) 천만 재산이 서투른 기술만 못하다.

→ _____

5) 열 번 듣는 것이 한 번 보는 것만 못하다. (백문이 불여일견이다.)

→ _____

6) 열 자식이 부부만 못하다.

→ _____

2 '~(으)ㄴ/는 것만 못하다'를 사용해서 대화를 완성하십시오.

1) 가 : 체력이 여전하시네요. 이렇게 높은 산을 다 오르시고요.

　나 : 아니에요. 요즘 체력이 _____. 조금만 무리해도 숨이 차거든요.

2) 가 : 그 영화 2편이 새로 나왔다던데, 보셨어요?

　나 : 지난주에 봤는데요, _____.

3) 가 : 그렇게 망설이시더니, 드디어 미라 씨한테 고백을 하셨군요.

　나 : _____. 괜히 했다는 생각이 들어요.

4) 가 : 외울 단어를 수첩에 다 적어요? 스마트폰 메모장을 이용하는 게 편할 텐데.

　나 : 스마트폰도 이용해 보긴 했는데 잘 안 외우게 되더라고요.

　　_____.

📝 문형연습 Pattern Practice

> 형용사 + ~(으)ㄴ 법이다
> 동사 + ~는 법이다
> 명사 + ~인 법이다

1 〈보기〉와 같이 '~(으)ㄴ/는 법이다'를 사용해서 문장을 완성하십시오.

보기	힘든 일도 시간이 흐르다	•		•	㉮ 예뻐 보이다
1)	항상 웃다	•		•	㉯ 감옥에 가다
2)	죄를 짓다	•		•	㉰ 잔소리이다
3)	나이가 어릴수록	•		•	㉱ 잊게 되다
4)	말을 한번 뱉다	•		•	㉲ 학습 속도가 빠르다
5)	좋은 말도 듣는 사람이 싫다	•		•	㉳ 다시 담기 어렵다

> 보기   아무리 힘든 일도 시간이 흐르면 **잊게 되는 법**이니까 너무 상심하지 마.

1) _____.

2) _____.

3) _____.

4) _____.

5) _____.

2 다음 글을 읽고 가장 잘 요약한 문장을 고르십시오.

> 사람들은 종종 지금 하는 일이 자기가 정말 좋아하는 일인지, 진짜 내가 원하는 일인지 모르겠다고 말한다. 하지만 한 가지 잘못 생각하고 있는 점이 있다. 세상에 싫증나지 않는 일이 있을까? 사람들은 무슨 일이든지 익숙해지면 흥미를 잃고, 그 일의 소중함까지도 잊곤 한다. 처음 그 일을 하기로 결정했을 때의 모습을 떠올려 보라. '진정 원하는 일이라면 항상 즐거워야 한다'는 말은 일종의 환상일지도 모른다.

① 사람은 자신이 진짜 원하는 일이 무엇인지 찾아야 하는 법이다.
② 좋아하는 일이라도 때로는 싫어질 때가 있는 법이다.
③ 일을 하기로 결정했으면 책임을 져야 하는 법이다.
④ 항상 즐거운 일을 해야 행복한 법이다.

형용사, 동사 + ~다가는

1 〈보기〉와 같이 '~다가는'을 사용해서 문장을 완성하십시오.

> 보기   매일 저렇게 손님이 **없다가는** 가게가 곧 망하겠다.

1) 이렇게 계속 비가 _____ 홍수가 날지도 몰라요.

2) 운전하면서 _____ 사고가 날 수 있어요.

3) 요즘처럼 스트레스가 _____ 금방 건강이 나빠질 거예요.

4) 그렇게 _____ 실수가 발생할 테니 천천히 하세요.

2 '~다가는'의 의미를 잘 생각해서 문장을 완성하십시오.

1) 돈을 그렇게 물 쓰듯이 쓰다가는 _____.

2) 그렇게 음식을 급하게 먹다가는 _____.

3) 지금처럼 놀기만 하고 일을 안 구하다가는 _____.

4) 요즘처럼 매일 덥다가는 _____.

5) 매일 오늘처럼 바쁘다가는 _____.

3 다음 뉴스의 헤드라인을 보고 '~다가는'을 사용해서 문장을 써 보십시오.

> 보기   한국은행, 또 기준금리 인하! 사상 최저 1.25%
> → 이렇게 **금리가 낮아지다가는** 아무도 저축을 안 하겠어요.

1) 서울 아파트, 10년 사이 1억 비싸졌다. OO구 집값 상승률 1위

   → _____.

2) 몰라보게 살 빠진 연예인 P 씨. 비결은 "하루 한 끼 식사, 3시간 이상 운동"

   → _____.

3) "국사를 왜 공부해야 하는지 모르겠다" 청소년 역사 인식 부족 심각해져

   → _____.

4) 네 집 중 한 집은 1인 가구. 혼자 사는 사람 점점 늘어

   → _____.

1 〈보기〉에 있는 항목을 아래 표에 알맞게 분류하십시오.

보기	약값	적금	쌀값	주유비	등록금	반찬값	학원비	병원비
	축의금	자동차세	국민건강보험		영화 관람료		지하철 요금	
	자동차 보험료		월세	공과금	아파트 관리비		놀이공원 입장료	

식비	쌀값,
교통비	
여가생활비	
교육비	
경조사비	
의료비	
주거비	
세금	
저축, 보험	

2 반대 의미가 있는 것끼리 연결하십시오.

1) 소액 •   • ㉮ 실패를 맛보다

2) 성공을 거두다 •   • ㉯ 상류층

3) 빈곤하다 •   • ㉰ 부정기적이다

4) 청결하다 •   • ㉱ ~에 불과하다

5) 서민 •   • ㉲ 본점

6) 흑자 •   • ㉳ 적자

7) 지점 •   • ㉴ 부유하다

8) ~에 달하다 •   • ㉵ 고액

9) 정기적이다 •   • ㉶ 불결하다

3 〈보기〉에서 알맞은 단어를 골라 문장을 완성하십시오.

보기	담보	실현	제도	대출	시달리다	사채업자	제시하다
	약관	지참금	회수율	신뢰도	휴면 예금	창업	학자금

1) 갑자기 큰돈을 쓸 일이 있어서 은행에서 ＿＿＿＿＿＿＿＿을/를 받고 싶은데 카드 값을 안 낸 적이 자주 있어서 신용도가 낮은데다가 ＿＿＿＿＿＿＿(으)로 할 만한 집이나 땅도 없으니까 안 된대요.

2) 지난달 정치인들의 뇌물 문제가 보도된 데에 이어 어제는 자녀들의 부정 입학 문제까지 보도되어 정치인들에 대한 국민들의 ＿＿＿＿＿＿＿이/가 갈수록 떨어지고 있다.

3) 인도에서는 결혼할 때 신부가 신랑 집으로 가지고 가야 하는 ＿＿＿＿＿＿＿ 때문에 여러 가지 문제가 생긴다고 합니다. 그뿐만 아니라 엄격한 신분 ＿＿＿＿＿＿＿의 흔적이 남아 있어 이로 인해 결혼이 반대에 부딪히는 경우도 있다고 합니다.

4) 가 : 요즘 20대는 너무 불쌍해요. 취업하기가 하늘의 별 따기잖아요.
   나 : 맞아요. 취직을 하더라도 등록금을 낼 돈이 없어서 빌린 ＿＿＿＿＿＿＿을/를 갚느라 자기 마음대로 돈도 잘 못 쓰더라고요.
   가 : 그렇게 취업이 힘들면 ＿＿＿＿＿＿＿을/를 해서 내 사업을 하는 게 낫지 않아요?

5) 보험에 가입할 때 대충 했다가 손해를 볼 수 있어요. 가입하기 전에 꼭 ＿＿＿＿＿＿＿을/를 잘 읽어 보세요.

6) 야구 선수 김OO은 다음 시즌에 미국 메이저리그 팀으로 옮기려고 했으나 팀에서 ＿＿＿＿＿＿＿ 금액이 기대보다 적어 한국에 남기로 결정했다.

7) 은행과 같은 금융기관에서 돈을 빌릴 수 없는 사람들에게 개인적으로 돈을 빌려 주고 이자를 받는 일을 하는 사람을 ＿＿＿＿＿＿＿(이)라고 한다. 한국 영화에 악역으로 자주 등장하는데 주인공이 이 사람에게 ＿＿＿＿＿＿＿ 장면도 종종 등장한다.

8) 2016년 1월 21일부터 빈 병 보증금이 인상된다. 소주병은 40원에서 100원으로 맥주병은 50원에서 130원으로 인상된다고 한다. 현재 슈퍼나 마트에서 팔고 있는 술병의 ＿＿＿＿＿＿＿이/가 낮아 빈 병 재활용이 어려워 정부에서 22년 만에 빈 병 보증금을 인상하기로 한 것이다.

1 다음 만화를 보고 질문에 답하십시오.

뜨거운 햇볕이 불타는 한여름.
오늘도 개미는 땀 흘려 일하고 있습니다.

반면, 게으르고 놀기만 좋아하는 베짱이는 시원한 그늘에서 놀고만 있네요.

시간이 흘러 겨울. 여름 내내 열심히 일한 개미는 갑자기 오른 전세 보증금을 내지 못하고 쫓겨나듯이 살던 집을 떠나 추위 속에 보증금이 싼 집을 찾아 헤매고 있습니다.

게으른 베짱이는 부모님께서 물려 주신 40평대 아파트에서 여전히 놀고만 있네요.

1) 위의 만화는 어떤 경제 문제에 대해 이야기하고 있습니까?

2) 여러분의 나라에도 이러한 경제 문제가 있습니까? 그 문제를 해결할 수 있는 방법은 무엇이라고 생각합니까?

2 다음 글을 읽고 질문에 답하십시오.

최근 한국 기업들의 성장이 눈부시다. 국내뿐만 아니라 해외에서도 한국 기업들이 경쟁력을 인정받고 있는 것이다. 한국 기업들이 국내외에서 성공할 수 있는 이유는 한국적 기업 운영 방식에서 찾을 수 있다. 한국적 기업 운영 방식은 신속한 일 처리, 강력한 리더십, 가족 경영 등의 특징이 있다. 한국 기업들이 앞으로도 계속해서 발전해 나가기 위해서는 (   ) 경영 방식이 필요하다. 즉, 한국인만의 차별화된 경쟁력을 가질 필요가 있다는 뜻이다. 그렇다면 한국인의 고유한 특성은 무엇인가? 많은 사람들은 '빨리빨리' 문화를 떠올린다. '빨리빨리' 문화는 지금까지는 부정적인 이미지가 강했다. 참을성이 없고 급한 성격을 나타낸다고 생각했기 때문이다. 그러나 현대 사회에서는 이것이 오히려 장점이 될 수 있다. 현대 사회가 하루가 다르게 변화하고 있어 '빨리빨리' 적응하는 것이 무엇보다도 중요하기 때문이다.

1) 이 글의 주제로 알맞은 것을 고르십시오.

① 한국 기업들은 급변하는 시대에 잘 적응하고 있다.

② '빨리빨리' 문화는 한국인에게만 나타나는 국민성이다.

③ 한국 기업은 단점을 감추려고 하는 특징이 있다.

④ 한국인의 '빨리빨리' 문화는 기업 발전에 도움이 될 수 있다.

2) (   )에 들어갈 내용으로 가장 알맞은 것을 고르십시오.

① 한국인만이 가진 장점을 최대화하고 단점을 극복할 수 있는

② 한국인의 약점을 모두 포함할 수 있는

③ 한국뿐만 아니라 다른 나라에서도 일반적인

④ 한국인 기업가가 이미 성공을 거둔

3) 한국의 경제가 발전하기 위해 살려야 할 장점이나 극복해야 할 단점으로 어떤 것이 있다고 생각합니까? 자신의 의견을 쓰십시오.

_____

_____

_____

_____

_____

1 〈보기〉에서 알맞은 표현을 골라 문장을 완성하십시오.

보기	~(으)ㄴ/는 것만 못하다	~(으)ㄴ/는 법이다	~다가는
	수익성	안정성	주식	적금	이자

가 : 요즘 은행에 저금해도 1) _____ 이/가 거의 안 붙잖아요. 이렇게 2) _____

한국도 유럽처럼 은행에 저금을 하면 오히려 마이너스가 되는 시대가 올 것 같아요.

나 : 맞아요. 저는 S 기업 3) _____ 을/를 좀 사 볼까 해요. 6개월 전부터 매달 20% 이상 올

랐대요. 미라 씨도 같이 투자해 볼래요?

가 : 좀 더 4) _____ 이/가 높은 방법은 없을까요? 너무 불안해서……

나 : 미라 씨, 위험이 없는 투자는 5) _____. 없는 돈이다 생각하고 투자

해 보세요.

2 다음 상황에 알맞은 속담을 고르십시오.

신용카드 대금 등을 갚지 못하는 신용불량자가 100만 명을 돌파한 것으로 나타났다. 신용불량자 2명 중 1명은 1000만 원 이하의 금액을 연체하고 있고 100만 원 이하의 소액을 연체해 신용거래를 할 수 없는 사람도 약 14만 명이나 된다. 정부 차원에서 저소득층을 위한 신용 회복 프로그램을 마련하고 있지만 근본적으로는 당장 눈에 보이는 지출이 아니라고 자신의 능력에 넘치는 소비를 하는 데 문제가 있다. 즉, 개인 차원에서 계획성 있는 소비와 절약을 하려는 노력이 필요하다는 뜻이다.

① 개같이 벌어서 정승같이 쓴다.   ② 외상이면 소도 잡아먹는다.

③ 돈이 돈을 번다.   ④ 남의 집 금송아지가 내 집 송아지만 못하다.

3 다음 중 속담의 사용이 잘못된 것을 고르십시오.

① 가 : 너 또 명품 백 샀어? 그렇게 **돈을 물 쓰듯 쓰면** 어떡해! 저축도 좀 해야지.

　나 : 내 돈 내 맘대로 쓰는데 웬 참견이야!

② 가 : 여보, 미영이 엄마는 이번에 또 차를 바꿨더라. 우리도 차 바꿀까?

　나 : **남의 집 금송아지가 내 집 송아지만 못해.** 우리 차도 좋은 차야. 욕심내지 마.

③ 가 : 부자는 점점 돈이 많아지고 가난한 사람은 점점 더 힘들어지는 것 같아요.

　나 : 그러니까 **티끌 모아 태산이라고** 하잖아요.

UNIT 04 외국어 교육

 단어 Vocabulary

대화
- 꾸준하다
- 유리하다
- 실력
- 차이
- 창피하다
- 아시다시피
- 부끄러움을 타다

어휘
- 모국어
- 조기교육
- 어휘
- 문법
- 발음
- 맞춤법
- 구사하다
- 유창하다
- 서툴다
- 습득하다
- 표현하다
- 학습하다

문형 연습
- 형광등
- 무시무시하다

듣기
- 통째로
- 받아쓰기
- 창의력
- 기러기 아빠
- 연상되다
- 일리(가) 있다
- 위대하다

쓰기
- 안락사
- 존엄사
- 사형 제도
- 인터넷 실명제
- 논란

Jump page
- 작심삼일
- 일취월장
- 막상막하
- 주경야독
- 고진감래
- 괄목상대
- 박학다식
- 맹모삼천지교

문법
- ~(으)ㄹ 리가 있다/없다
- ~(으/느)냐에 따라(서)
- ~(으)려거든

1 〈보기〉에서 알맞은 표현을 골라 문장을 완성하십시오.

보기	꾸준하다	유리하다	실력	차이
	창피하다	아시다시피	부끄러움을 타다	

1) 가 : 피부가 어쩜 그렇게 좋아요? 타고난 거예요?

　　나 : _____ 노력의 결과죠. 아무리 피곤해도 매일 마사지를 하거든요.

2) 가 : 일본어랑 한국어는 문법이 비슷하니까 일본 사람들이 한국어를 배우면 다른 나라 사람에 비해서 _____ 것 같아요.

　　나 : 그 말도 맞는데 저는 머리가 나빠서 한국어 공부가 힘들어요.

　　가 : 에이, 무슨 말씀이세요. 미호 씨 한국어 _____ 이/가 얼마나 좋은데요.

3) 가 : 조기 외국어 교육의 문제는 무엇일까요?

　　나 : _____ 우리는 말을 배우면서 그 나라의 문화도 함께 배우지 않습니까? 너무 어릴 때 외국어를 배우면 오히려 모국어나 자국의 문화를 제대로 배우지 못할 수도 있습니다.

4) 가 : 어제 눈이 오는 길을 급하게 걸어가다가 엄청 큰 소리를 내면서 미끄러졌어요. 너무 _____ 얼른 일어나서 뛰어왔는데 아직도 엉덩이가 너무 아파요.

　　나 : 아이고, 진짜 큰일 날 뻔했네요.

5) 가 : 저는 _____ 성격이라서 처음 만나는 사람 앞에서는 말도 제대로 못해요.

　　나 : 그래요? 저는 민수 씨가 적극적인 성격인 줄 알았는데요.

6) 가 : 저는 영어 조기 교육에 대해 반대합니다. 한국어와 영어의 문법은 _____ 이/가 많기 때문에 너무 어릴 때 영어를 공부하면 오히려 모국어인 한국어를 제대로 못 할 수 있습니다.

　　나 : 제 생각은 다릅니다. 어릴 때 외국어를 배워야 더 쉽고 자연스럽게 언어를 구사하게 됩니다.

 **문형연습** Pattern Practice

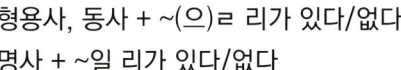
형용사, 동사 + ~(으)ㄹ 리가 있다/없다
명사 + ~일 리가 있다/없다

1 〈보기〉와 같이 '~(으)ㄹ 리가 있다/없다'를 사용해서 문장을 완성하십시오.

> 보기
>
> 가 : 미나 씨! 왜 이렇게 표정이 안 좋아요?
> 나 : 어제 시험을 봤는데 아무래도 불합격일 것 같아요.
> 가 : 그렇게 열심히 준비했는데 **떨어질 리가 없어요**. 걱정 마세요.

1) 내가 토니 씨랑 10년을 같이 살았는데 그 사람 성격을 _____?

2) 그 분이 얼마나 기억력이 좋은데. 약속을 _____.

3) 저 사람이 민호 씨의 _____. 민호 씨랑 얼굴이 하나도 안 닮았잖아요.

4) 이번엔 절대 _____. 내가 완벽하게 준비했거든.

5) 가 : 어제 과장님이 퇴근길에 음주운전을 하다가 사고를 내셨대요.

   나 : 네? _____. 그 분은 술을 한 모금도 못 드시는데……

6) 가 : 진짜 막내가 꽃병 깬 거 아니래? 집에 그 애밖에 없었는데 이상하잖아. 거짓말하는 거 아닐까?

   나 : 아니라니까요. 막내가 얼마나 착하고 정직한데 _____?

7) 가 : 심심한데 준수 씨 불러서 근교로 나들이나 갈까요?

   나 : 준수 씨가 _____. 밖에 나오는 걸 얼마나 귀찮아 하는데요.

8) 가 : 안녕하세요. 저 기억하세요?

   나 : 그럼요, _____? 안영미 씨잖아요. 안녕하셨어요?

2 '~(으)ㄹ 리가 있다/없다'를 사용해서 대화를 완성하십시오.

1) 레스토랑 직원 : 손님, 손님이 주신 카드는 도난 카드라서 사용하실 수 없다고 나오는데요.

　　나 : _____

2) 친구 : 너랑 같은 팀의 ○○ 씨가 너에 대해서 나쁜 얘기를 하고 다닌대. 둘이 혹시 무슨 일 있어?

　　나 : _____

3) 전화 상담원 : 고객님. 항상 ○○ 병원을 이용해 주셔서 감사합니다. 손님이 응모하신 '성형수술비
　　　　　　　 마련' 이벤트에 당첨되셔서 5천만 원 상당의 성형 수술을 받으실 수 있습니다.
　　　　　　　 축하합니다.

　　나 : _____

4) 친구 : ○○ 씨, 브라이언 씨가 남자 친구죠? 제가 어제 명동에서 쇼핑을 하는데 브라이언 씨가
　　　　 어떤 여자하고 같이 커플링을 사고 있던데요. 브라이언 씨가 바람을 피우는 게 아닐까요?

　　나 : _____

5) 동료 : 제가 신문에서 어떤 다이어트 제품 광고를 봤는데요. 일주일 정도 지방을 없애고 싶은 곳
　　　　 에 바르고 자기만 하면 살이 빠진대요. ○○ 씨도 같이 사러 갈래요?

　　나 : _____

6) 친구 : 우리 학원 근처에 있는 커피숍 있잖아요. 3000원만 내면 케이크랑 커피가 무한리필이래요.

　　나 : _____

> 형용사 + ~(으)냐에 따라(서)
> 동사 + ~느냐에 따라(서)
> 명사 + ~(이)냐에 따라(서)

1 〈보기〉와 같이 '~(으/느)냐에 따라(서)'를 사용해서 문장을 완성하십시오.

㉮ 여행 비용에 큰 차이가 난다.　　　　㉯ 돈을 벌 수도 있고 파산할 수도 있다.
㉰ 인생이 바뀔 수도 있다.　　　　　　㉱ 선택할 수 있는 직업이 달라진다.
㉲ 선택하는 교재가 달라진다.

보기　어디에서 숙박해요? / ㉮ **여행 비용에 큰 차이가 난다.**
　　　→ 어디에서 **숙박하느냐에 따라(서)** 여행 비용에 큰 차이가 난다.

1) 왜 한국어를 배워요? / _____

　　→ _____ .

2) 얼마나 좋은 상품을 개발해요? / _____

　　→ _____ .

3) 어떤 친구를 만나요? / _____

　　→ _____ .

4) 외국어를 잘해요? 못해요? / _____

　　→ _____ .

2 '~(으/느)냐에 따라(서)'를 사용해서 다음 대화를 완성하십시오.

1) 가 : 새로 이사 갈 집에 놓을 침대하고 소파를 사야 하는데, 큰 걸로 할까, 작은 걸로 할까?

　　나 : 그건 새 집이 _____ 다를 것 같은데.

2) 가 : 진로를 바꾸려고 하는데 적성이 우선일까, 보수가 우선일까?

　　나 : _____ 인생이 달라질 수 있으니까 신중하게 생각해.

3) 가 : 한국 회사는 입사한 지 얼마나 됐느냐에 따라 승진이 결정되죠?

　　나 : 요즘은 그렇지도 않아요. 비록 나이가 어리고 경력이 많지 않다고 해도
　　　　_____ 승진을 빨리 할 수 있어요.

4) 가 : 이민을 준비 중인데 미국에서 집을 사려면 얼마나 필요할까요?

　　나 : 글쎄요. 같은 미국 안에서도 _____ 차이가 많이 나요.

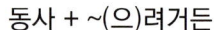 

동사 + ~(으)려거든

1 〈보기〉와 같이 '~(으)려거든'을 사용해서 문장을 완성하십시오.

보기 건강해지다	•	•	㉮ 미리 약속을 해야 한다.
1) 성공하다	•	•	㉯ 독서를 많이 해야 한다.
2) 좋은 글을 쓰다	•	•	㉰ 모든 일에 정성을 기울이세요.
3) 사장님과 면담을 하다	•	•	㉱ 지금 바로 운동을 시작하세요.

> 보기　**건강해지려거든** 지금 바로 운동을 시작하세요.

1) _____

2) _____

3) _____

2 다음 일을 하고 싶으면 어떻게 해야 합니까? 관심 있는 주제를 선택해서 〈보기〉와 같이 쓰십시오.

보기 의사가 되다	투 잡(two job)을 뛰다	4개 국어를 구사하다
남보다 앞서가다	한자를 잘 외우다	전원주택을 짓다
_____	_____	_____

> 보기　**의사가 되려거든** 열심히 공부해서 의대에 진학하세요.

1) _____

2) _____

3) _____

4) _____

5) _____

1 다음의 설명과 예문에 맞는 단어를 〈보기〉에서 골라 쓰십시오.

보기	통째로	받아쓰기	찌푸리다	모범생
	향상되다	유창하다	위대하다	

1) 남이 하는 말이나 읽는 글을 들으면서 그대로 옮겨 씀 : ＿＿＿＿＿＿

　　예) 외국어를 처음 배울 때에는 선생님이 불러 주는 문장을 그대로 쓰는 ＿＿＿＿＿＿도 좋은 학습 방법 중 하나이다.

2) 나누지 않은 한 덩어리의 전체 그대로 : ＿＿＿＿＿＿

　　예) 뱀은 큰 먹이를 씹지 않고 ＿＿＿＿＿＿ 삼킬 수 있다.

3) (사람이나 그 능력, 업적 등이) 뛰어나고 훌륭하다 : ＿＿＿＿＿＿

　　예) 베토벤은 청각장애를 극복한 ＿＿＿＿＿＿ 음악가였다.

4) (말이) 막힘없이 자연스럽다 : ＿＿＿＿＿＿

　　예) 김민수 씨는 어릴 때 홍콩에서 살아서 그런지 영어가 ＿＿＿＿＿＿.

5) 성적, 행동 등 모든 면에서 칭찬받을 만한 학생 : ＿＿＿＿＿＿

　　예) 불량학생인 나와는 달리 형은 공부 잘하고 예의 바른 ＿＿＿＿＿＿(이)라서 부모님의 칭찬을 독차지하고 있다.

6) 얼굴을 몹시 찡그려 불쾌한 표정을 짓다 : ＿＿＿＿＿＿

　　예) 집에 들어왔는데 방이 너무 지저분해서 나도 모르게 얼굴을 ＿＿＿＿＿＿.

7) (수준이) 이전보다 더 나아지거나 높아지게 되다 : ＿＿＿＿＿＿

　　예) 이번 훈련으로 선수들의 체력이 많이 ＿＿＿＿＿＿.

1 다음은 조기 외국 유학에 대한 토론 내용입니다. 어느 쪽의 의견일까요? 찬성 측의 의견이면 '찬', 반대 측의 의견이면 '반'을 쓰십시오.

1) 어릴 때 외국어를 배운 아이들이 발음도 좋고 자연스럽게 외국어를 구사할 수 있다. (　　)

2) 모국어도 잘 모르는 어린 아이에게 외국어를 배우게 하면 매우 혼란스러워하거나 모국어도 부정확하게 사용하는 경우가 많다. (　　)

3) 외국어 능력이 있으면 대학 입학이나 입사 시 유리하다. (　　)

4) 외국어를 통해 그 나라의 문화, 전통까지 배우며 경험이 넓어진다. (　　)

5) 외국어를 공부하면 자국의 문화를 제대로 이해하기 어렵다. (　　)

6) 한국에서는 인맥, 학연 등이 중요한데 어릴 때 유학을 가면 그런 인간관계를 쌓을 수 없다. (　　)

2 <보기>에서 알맞은 표현을 골라 문장을 완성하십시오.

| 보기 | 논란 | 습득하다 | 논리적이다 | 연상되다 | 일리가 있다 | 모국어 화자 |

1) 공공건물의 화장실에 CCTV를 설치하자는 주장에 대해 찬성과 반대 측의 ＿＿＿＿＿＿＿이/가 심해지고 있다.

2) 가 : 저는 '기러기 아빠'에 대해 반대합니다. 기본적으로 가족은 함께 있어야 하는 거 아닙니까?

　나 : 그 말도 ＿＿＿＿＿＿＿＿＿＿ 아이의 미래를 위해 그 정도 수고는 할 필요가 있다고 생각합니다.

3) 가 : 흰색을 보면 어떤 게 ＿＿＿＿＿＿＿＿＿＿＿＿＿?

　나 : 음……. 눈, 천사, 구름 같은 게 떠오르는데요.

4) 어릴 때 외국어를 배운 아이들은 ＿＿＿＿＿＿＿＿＿와/과 같이 자연스럽게 외국어를 할 수 있어요.

5) 어른이 아이에 비해 외국어를 ＿＿＿＿＿＿＿＿＿ 시간은 많이 걸리지만 아이보다 어른이 ＿＿＿＿＿＿＿＿＿ 문법에 대한 이해는 빠르다고 한다.

사회자 : 안녕하십니까, 오늘은 각 나라의 대표들을 모시고 조기 유학에 대한 찬반 토론을 진행해 보도록 하겠습니다. 먼저 한국 대표부터 말씀해 주시죠.

한국 대표 : 저는 조기 유학에 반대합니다. 특히 영어 공부만을 위한 조기유학은 절대 반대입니다. 만약 제 아이가 한국에서 고등학교까지 착실하게 다니고 자신의 실력으로 미국이나 캐나다에 있는 대학교에 합격한다면 외국에 보내겠지만 영어 공부만을 위해 어릴 때 영어권 나라에 가는 건 의미가 없다고 생각합니다. 실제로 작년에 교육부에서 발표한 자료에 따르면 조기 유학생 중 외국 대학교에 입학해서 학위를 따오는 사람은 10%에 불과했습니다.

호주 대표 : 저도 한국 대표의 말씀에 동의합니다. 영어는 그냥 언어일 뿐입니다. 언어 하나 때문에 한국 사람들이 소중한 가족과 떨어져 산다는 이야기를 처음 들었을 때 너무나도 충격적이었습니다. 정서적으로 불안정한 사춘기에 가족과 떨어져 산다면 과연 그 아이가 행복한 성인으로 성장할 수 있을까요?

중국 대표 : 저는 호주 대표의 말씀에 동의할 수 없습니다. 솔직히 서양 사람들은 한국의 상황을 100% 이해할 수 없다고 생각합니다. 아시아에서 진학이나 취직을 하려면 영어가 얼마나 중요한지, 얼마나 배우기 힘든지 모르지 않습니까? 중국에서도 한국처럼 아이의 교육을 위해 아내와 자녀를 외국에 보내고 혼자 남아 쪽방 생활을 하는 기러기 아빠가 많습니다. 제 조카가 미국에서 학교를 다니는데 1년 학비가 일반적인 중국 직장인 연봉의 5배 이상입니다. 하지만 중국의 부모들은 아이의 미래를 위해 이런 희생을 합니다. 부모의 마음은 아마 모두 같을 겁니다.

1) 한국 대표는 왜 조기 유학에 반대한다고 했습니까?

2) 호주 대표는 조기 유학에 대해 어떻게 생각합니까?

3) 중국 대표의 말에 따르면 중국에서 조기 유학을 갈 때 드는 비용은 어느 정도라고 했습니까?

4) 여러분은 누구의 의견에 동의합니까? 조기 유학에 대해 어떻게 생각합니까?
   자신의 의견을 써 봅시다.

_____

_____

_____

_____

_____

1 다음은 조기 외국어 교육에 대한 토론입니다. 〈보기〉에서 알맞은 표현을 골라 토론 내용을 완성하십시오.

보기	~(으)ㄹ 리가 없다	~(으/느)냐에 따라(서)	~(으)려거든	사춘기
	모국어	동의하다	반대하다	구사하다	유리하다	일리가 있다

미라 : 어릴 때 외국어를 배운 아이들이 발음도 좋고 자연스럽게 외국어를 1) _____ 수 있으므로 외국어를 잘 2) _____ 사춘기 이전에 유학을 가는 것이 좋다고 생각합니다.

민수 : 저는 그 말씀에 3) _____ 수 없습니다. 너무 어릴 때 외국어를 배운 사람은 4) _____ 까지도 부정확하게 사용하는 경우가 많습니다.

미라 : 그 말도 5) _____. 하지만 외국어를 통해 그 나라의 문화, 전통까지 배울 수 있고 경험이 넓어지기 때문에 어릴 때 외국에 갔다 오지 않은 사람에 비해서 훨씬 6) _____ 다고 생각합니다.

민수 : 얼마나 외국 문화를 많이 7) _____ 경험이 넓어질 수도 있습니다. 하지만 오히려 너무 어릴 때 외국에서 생활하면 자국의 문화나 전통에 대한 이해가 부족한 경우도 많습니다. 정서적으로 혼란스러운 8) _____에 여러 문화를 만나다 보면 자신의 나라의 문화에 대한 깊이가 없어진다는 뜻입니다.

2 다음 중 빈칸에 들어가기 어색한 것을 고르십시오.

1) _____이/가 서툴다.

   ① 운전   ② 한국어   ③ 애정 표현   ④ 습관

2) _____을/를 습득하다.

   ① 기술   ② 면허   ③ 방법   ④ 지식

3) 맞춤법_____.

   ① -을 틀리다   ② -이 고치다   ③ -에 맞게 쓰다   ④ -을 검사하다

4) 언어를 _____.

   ① 구사하다   ② 배우다   ③ 유창하다   ④ 학습하다

UNIT 05 명절

 단어 Vocabulary

대화
- 쇠다
- 허비하다
- 역귀성
- 경로사상
- 조상
- 차례를 지내다
- 덕담
- 넉넉하다

어휘
- 민족(의) 대이동
- 세배
- 설빔
- 추석빔
- 제사(를) 지내다
- 성묘(를) 하다
- (송편을) 빚다
- 교통 체증
- 극심하다

문형 연습
- 쥐불놀이
- 찜통더위

읽기
- 중시하다
- 해돋이
- 윷놀이
- 제기차기
- 모내기
- 굿
- 창포
- 씨름
- 그네뛰기
- 강강술래
- 줄다리기
- 핵가족화

쓰기
- 부활절

Jump page
- 무릎(을) 꿇다

문법
- ~기로는
- ~기(가) 무섭게
- 어차피 ~(으)니까

1 〈보기〉에서 알맞은 표현을 골라 문장을 완성하십시오.

보기	쇠다	허비하다	경로사상	조상
	차례를 지내다	역귀성	넉넉하다	덕담

1) 한국에서는 생활 속에서 _____을/를 실천하는 모습을 볼 수 있다는 점이 참 인상적이에요. 예를 들면 지하철이나 버스에서 할아버지, 할머니께 자리를 양보한다거나 무거운 짐을 들고 가는 노인을 보면 도와드린다거나 하는 것처럼요.

2) 한국에서는 설날과 추석 아침에 _____. 이것은 제사와 비슷한 형태인데 보통 밤에 지내는 제사와는 달리 아침에 간단하게 지낸다는 점이 다르다.

3) 자가용으로 출퇴근을 하다가 몇 달 전부터 운동도 할 겸 기름 값도 아낄 겸 지하철로 출퇴근을 시작했는데 길에서 _____ 시간도 줄고 일석이조네요.

4) 추석에는 돌아가신 _____을/를 생각하며 음식을 준비하고 성묘를 하는 풍습이 있다.

5) 그녀는 가진 것은 없어도 마음만은 _____ 사람이다. 그래서 만날수록 정이 가는 사람이다.

6) 최근 10년 사이 귀성길 이동 거리가 짧아지고 _____이/가 증가하는 등 설 연휴 고속도로 이용에 큰 변화가 있는 것으로 나타났다. 고령층의 1인 가구 비율 증가로 설 연휴 기간 지방에 거주하는 노인들이 수도권에 있는 친지나 자녀를 보러 올라가는 경우가 늘어나는 것이 원인이다.

7) 설날 당일에도 범인 검거로 바쁜 경찰에게 한 시민이 남몰래 음료와 새해 _____이/가 적힌 메모를 건네서 눈길을 끌고 있다. 메모 내용은 "연휴에도 쉬지 않고 고생해 주셔서 감사해요, 새해 복 많이 받으세요."였다.

8) 설 명절을 맞아 "명절 잘 _____(으)세요."라는 인사를 나누는데 이 말에는 새해를 맞아 조심하고 나쁜 기운을 쫓아낸다는 의미가 담겨 있다고 한다.

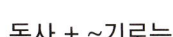 **문형연습** Pattern Practice

동사 + ~기로는

1 〈보기〉와 같이 '~기로는'을 사용해서 대화를 완성하십시오.

> 보기
> 가 : 한국 사람들은 설날에 뭘 하나요?
> 나 : 제가 **알기로는** 떡국을 만들어서 온 가족이 먹는대요.

1) 가 : 이번 달 월말시험은 언제인가요?

　　나 : 선생님께 ＿＿＿＿＿＿ 이번 달 말일이래요.

2) 가 : 이번에 개발한 신제품은 언제 출시된대요?

　　나 : 팀장님께서 ＿＿＿＿＿＿ 다음 달 초에 출시된대요.

3) 가 : 한글은 어떻게 만들어진 글자예요?

　　나 : 제가 수업시간에 ＿＿＿＿＿＿ 1443년에 세종대왕이 어려운 한자를 몰라 불편을 겪는 백성들을 위해 만든 글자가 바로 한글이래요.

4) 가 : 요즘 한국으로 성형 수술을 하러 오는 '성형 관광객'들이 증가하고 있대요. 다른 나라에 와서 성형 수술을 하는 건 좀 위험하지 않나요?

　　나 : 뉴스에서 ＿＿＿＿＿＿ 한국이 기술도 좋고 가격이 저렴해서 많이 온다고 하던데 저는 수술이 무서워서 성형은 못 할 것 같아요.

5) 가 : 5만 원짜리 지폐에 있는 여자 분은 누구세요?

　　나 : 전에 책에서 ＿＿＿＿＿＿ '신사임당'이라는 분인데 한국 사람들이 현모양처 하면 바로 떠올리는 인물이래요.

2 여러분은 다른 나라의 문화나 풍습에 대해서 얼마나 알고 있나요? 다음 질문에 여러분이 듣거나 배워서 알고 있는 대로 대답해 보십시오.

1) 가 : 일본에서는 왜 입원한 사람에게 화분을 선물하지 않아요?

　　나 : ＿＿＿＿＿＿＿＿＿＿＿＿＿＿＿＿＿＿＿＿＿.

2) 가 : 프랑스에서는 새해에 작은 도자기 인형을 넣어서 파이를 만든다고 하던데 왜 그런가요?

　　나 : ＿＿＿＿＿＿＿＿＿＿＿＿＿＿＿＿＿＿＿＿＿.

3) 가 : 홍콩에서는 설날에 세뱃돈을 빨간색 봉투에 넣어 주던데 특별한 의미가 있나요?

　　나 : ＿＿＿＿＿＿＿＿＿＿＿＿＿＿＿＿＿＿＿＿＿.

 **문형연습** Pattern Practice

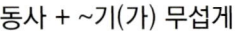 동사 + ~기(가) 무섭게

1 〈보기〉와 같이 '~기(가) 무섭게'를 사용해서 대화를 완성하십시오.

> 보기　가 : 요즘 아들 때문에 너무 힘들어요. **제가 무슨 말을 하기가 무섭게**
> 　　　　"엄마가 뭘 알아요?"라고 하면서 듣지도 않으려고 해요.
> 　　　나 : 사춘기가 시작됐나 봐요. 정말 힘드시겠네요.

1) 가 : 어제 왜 수업이 _____ 갔어요?

　 나 : 아, 집에 손님이 와 계셨거든요.

2) 가 : 보통 퇴근 후에 뭐 하세요?

　 나 : 우선 집에 _____ 텔레비전을 켜고 맥주를 한 캔 해요.

3) 가 : 어제 부장님하고 이야기는 잘 됐어?

　 나 : 아니, 내가 말을 _____ 부장님이 버럭 화를 내셔서 제대로 이야기도 못 했어.

4) 가 : 난 왜 맨날 돈이 없을까?

　 나 : 월급을 _____ 다 써 버리니까 그렇지. 돈을 그렇게 물 쓰듯이 하면 어떡해?

5) 가 : 어제 민수 씨 많이 취했더라.

　 나 : 맞아. _____ 마셔 버리니까 어떻게 안 취할 수가 있겠어.

6) 가 : 요 앞에 새로 생긴 음식점은 장사가 엄청 잘 되나 봐요.

　 나 : 그러게 말이에요. 문을 _____ 손님이 꽉 차서 들어가지 못한 손님들이 밖에서 기다리고 있더라고요.

7) 가 : 어제 가수 K 씨가 TV에 나와서 바나나를 미모의 비결이라고 _____
대형 마트에서 바나나가 다 품절돼 버렸대요.

　 나 : 흠……. 바나나만 먹는다고 다 K씨처럼 예뻐지지는 않을 텐데요.

1 〈보기〉와 같이 '어차피 ~(으)니까'를 사용해서 대화를 완성하십시오.

> **보기**
> 가 : 이 의자 저 주시면 안 돼요?
> 나 : 그래요, 다음 주에 **어차피 떠날 거니까** 필요한 거 있으면 다 가지고 가세요.

1) 가 : 내일이 월말시험인데 준비를 하나도 못 했어요.

   나 : _____ 그냥 아는 만큼만 하세요.

2) 가 : 아무리 빨리 가도 기차를 놓칠 것 같아요. 어떡하죠?

   나 : _____ 예약을 취소하고 다른 교통편을 알아보죠.

3) 가 : 죄송해요. 제가 꽃병을 깼어요.

   나 : 괜찮아요. _____.

4) 가 : 앗! 미안해요. 저 때문에 옷이 더러워졌네요.

   나 : 아니에요. _____.

5) 가 : 옷장에 옷이 이렇게 많은데 입을 게 하나도 없네. 입기에는 유행이 너무 지난 것 같고 버리
   려고 하니 아깝고……

   나 : 그럼 기부하는 게 어때? _____.

6) 가 : 너무 무리하시는 거 아니에요? 아직도 일이 안 끝나서 어떡해요?

   나 : _____ 이번 주까지만 고생하면 되죠.

7) 가 : 이번 프로젝트 실패로 많이 속상하시겠어요.

   나 : _____ 다음에 잘 해야죠.

1 명절의 날짜와 풍습을 연결하십시오.

1) 설날 •　　　• ㉮ 음력 1월 15일　　　• • a. 불을 쓰지 않고 찬 음식을 먹는다.

2) 정월대보름 •　• ㉯ 음력 1월 1일　　　• • b. 떡국, 세배

3) 한식 •　　　• ㉰ 일 년 중 낮이 가장 짧고 밤이 가장 긴 날 (보통 12월 22일)　• • c. 부럼, 귀밝이술

4) 단오 •　　　• ㉱ 음력 5월 5일　　　• • d. 팥죽

5) 추석 •　　　• ㉲ 동지로부터 105일째 되는 날 (보통 4월 5일)　• • e. 송편, 성묘

6) 동지 •　　　• ㉳ 음력 8월 15일　　　• • f. 창포물에 머리 감기

2 다음 그림에 알맞은 단어를 〈보기〉에서 골라 쓰십시오.

| 보기 | 쥐불놀이 | 씨름 | 그네뛰기 | 제기차기 |
| | 윷놀이 | 모내기 | 강강술래 | 줄다리기 |

1) _____

2) _____

3) _____

4) _____

5) _____

6) _____

3 〈보기〉에서 알맞은 단어를 골라 문장을 완성하십시오.

보기	중시하다	세다	풍년	기원하다
	곡식	성묘	핵가족	축소되다

1) 한국인이 가장 _____ 명절은 설날과 추석이다.

2) _____(이)란 조상의 묘를 찾아가 준비한 음식으로 차례를 지내고 묘를 깨끗하게 정리하는 것이다.

3) 한국에서는 대학교 입학시험을 앞둔 학생에게 합격을 _____ 의미로 초콜릿이나 엿, 떡을 선물한다.

4) 고등학교 때 짝사랑했던 친구를 40년 만에 만났다. 얼굴에는 주름이 지고 머리가 하얗게 _____ 여전히 멋진 모습이었다.

5) 가을에 농촌에 가면 노랗게 익은 _____이/가 아름다운 풍경을 만든다.

6) 여름휴가 기간이 지난해 2주에서 올해 1주로 _____.

7) 제가 어릴 때만 해도 할아버지, 할머니를 모시고 사는 대가족이 많았는데 요즘은 거의 부모님과 자녀 한두 명인 _____이/가 대부분이죠.

8) 올해 사과가 _____(이)라 사과 값이 예년에 비해 저렴해졌대요. 값이 쌀 때 제철 과일을 많이 먹는 게 건강에도 우리 농촌 경제에도 도움이 되겠죠?

📖 읽어 봅시다

1 다음 글을 읽고 질문에 답하십시오.

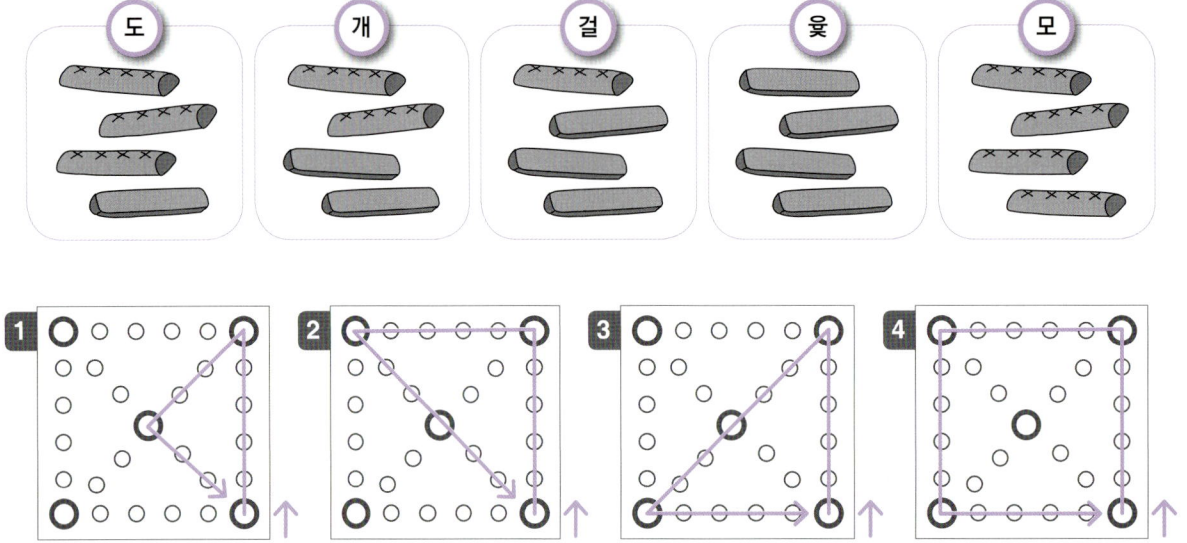

윷놀이는 한국인이 설날, 추석과 같은 명절에 즐겨 하는 민속놀이로, 한 팀에서 2~3개의 말을 사용하는데 이 말들이 판을 빨리 돌아서 먼저 나가는 팀이 이기는 놀이이다. 판을 나가는 방법은 위의 그림과 같이 크게 네 가지로 나눌 수 있는데 말이 큰 원에서 한 번 멈춰야 지름길로 갈 수 있다. 각각의 말들은 따로따로 가도 되고 같이 가도 된다. 이렇게 같이 가는 것을 '업는다'라고 한다. 말을 업으면 업힌 말들까지 한꺼번에 판 밖으로 나갈 수 있으므로 승리할 확률이 높아지지만 다른 팀에게 두 개 이상의 말이 한꺼번에 잡힐 수도 있기 때문에 위험성도 크다.

한 팀에서 한 사람씩 돌아가면서 윷을 던지는데 윷이나 모가 나왔을 때, 다른 팀의 말을 잡았을 때는 한 번 더 던진다. 그러므로 만약 윷이나 모로 다른 팀의 말을 잡았을 때는 두 번 더 던지게 된다.

윷놀이는 고조선 때부터 시작된 것으로 보고 있다. 고조선의 정치제도였던 5가(五加: 마(馬)가, 우(牛)가, 양(羊)가, 구(拘)가, 저(猪)가)에서도 등장하는 농경사회의 주요 가축인 말, 소, 양, 개, 돼지를 보고 윷놀이를 만든 것이라고 예상된다. 다섯 마리의 가축 중 보폭이 가장 작은 돼지는 1칸, 보폭이 가장 큰 말은 5칸까지 전진하는 규칙을 만든 것이다. 윷놀이처럼 막대기 4개를 던져 노는 민속놀이는 다른 나라에서도 종종 발견되는데 그 예로 멕시코의 '꾸일리치' 놀이나 인도의 '바레바레' 놀이 등이 있다.

도 : 돼지   개 : 개

걸 : 양

윷 : 소   모 : 말

1) 다음 중 윗글의 내용과 <u>다른</u> 것은?

① 윷놀이는 말이 판을 빨리 돌아서 먼저 나가는 팀이 이기는 놀이이다.

② 말이 큰 원에서 한 번 멈춰야 지름길로 갈 수 있다.

③ 윷이 나오면 한 번 더 던질 수 있고, 모가 나오면 뒤로 한 칸 가야 한다.

④ 윷놀이는 농경사회의 주요 가축인 말, 소, 양, 개, 돼지를 보고 만든 것으로 예상된다.

2) '업는다'의 의미는 무엇입니까?

3) 윷놀이를 할 때 언제 한 번 더 던질 수 있습니까?

4) 여러분의 나라에도 윷놀이와 비슷한 민속놀이가 있습니까? 자신의 나라의 민속놀이를 소개해 봅시다.

_____

_____

_____

_____

5) 여러분의 나라에도 한국과 비슷한 명절이 있습니까? 그 명절과 한국의 명절은 어떤 공통점과 차이점이 있습니까? 교과서 86쪽의 표현을 활용하여 여러분의 나라의 명절과 한국의 명절에 대하여 써 보십시오.

_____

_____

_____

_____

_____

_____

윷을 이용해서 이야기 게임을 해 봅시다!

시작

1 단군 신화에서 곰이 무엇을 먹고 사람이 되었나요?

2 '게 눈 감추듯이'는 언제 쓰는 말인가요?

3 '불티나게'의 의미를 '~기(가) 무섭게'를 사용해서 설명하세요.

21 '차례'와 '제사'의 차이에 대해 설명해 주세요.

출발

4 작년 크리스마스 때 했던 일을 3가지만 말해 주세요.

20 다음 달에 한국에는 어떤 명절이 있습니까?

도착

5 설날에 입는 새 옷을 뭐라고 해요?

19 '역귀성'이란 무엇인가요?

6 '금줄'의 의미를 설명해 주세요.

18 '강강술래'란 무엇입니까?

7 한국에서 여름에 더위를 쫓기 위해 안고 자는 물건의 이름은 무엇인가요?

17 한국에 처음 왔을 때 가장 놀랐던 일은 무엇입니까?

8 옛날에는 쌀을 고를 때 썼지만 지금은 복을 불러오기 위한 목적으로 걸어 놓는 물건의 이름은 무엇입니까?

16 한국에서 추석에 빚어서 먹는 음식은 무엇입니까?

9 한국에 와서 여행을 많이 했나요? 한국에서 여행했던 곳을 3곳만 말해 주세요.

15 '팥죽'은 언제 먹고, 어떤 의미가 있나요?

10 왼쪽에 앉은 친구에게 덕담을 해 주세요.

14 '쥐불놀이'를 하는 날은 몇 월 며칠입니까?

13 '찜통더위'의 의미는 무엇입니까?

12 '성묘'는 무슨 뜻입니까?

11 '시간이 눈 깜짝할 사이에 지나갔다'고 느낀 적이 있습니까?

UNIT 06 환경

 단어 Vocabulary

도입
- 제외하다
- 이래

대화
- 대책
- 워낙
- 매력에 빠지다
- 그만이다
- 외양간
- 대기오염
- 주범
- 배기가스

어휘
- 수질오염
- 토양오염
- 지구온난화
- 사막화
- 온실가스
- 빙하
- 기상이변
- 일회용품
- 절약하다
- 몸살을 앓다
- 실천하다
- 대책을 세우다
- 분리수거
- 해수면
- 상승하다
- 사하라 사막
- 북극

듣기
- 프레온가스
- 규제하다
- 이면지

쓰기
- 공기압
- 휘발유
- 가열하다
- 미지근하다

문법
- ~아/어서 그런지
- ~(으)ㄴ/는 탓에
- ~았/었더라면

 **대화** Dialogue

1 〈보기〉에서 알맞은 단어를 골라 문장을 완성하십시오.

보기	대책	워낙	매력에 빠지다	그만이다
	외양간	대기오염	주범	배기가스

1) 내가 어릴 때 시골 할머니 댁에 놀러 가면 _____에 있는 엄마 소랑 아기 소를 한참 구경하곤 했어요. 그 모습을 그린 그림도 아직 가지고 있어요.

2) 중국에서 날아온 사막 모래 먼지와 공장에서 나오는 매연 때문에 _____이/가 심해 지고 있습니다. 뉴스에서 미세먼지가 심하다고 하면 가능한 한 외출을 자제하고 마스크를 꼭 쓰 도록 하십시오.

3) 저는 삼겹살을 _____ 좋아해서 일주일에 한 번은 꼭 먹어요. 특히 깻잎과 상추랑 함 께 싸 먹으면 그 맛이 _____.

4) 처음 김치를 먹는 외국인은 '맵다, 냄새가 난다'고 싫어하기도 하지만 계속 먹다 보면 그 _____ _____ 거예요.

5) 독일을 대표하는 자동차 회사에서 _____의 배출량을 속여 디젤 자동차를 팔아 왔 다는 것이 밝혀져 비판을 받고 있다. 이 회사는 고객들에게 사과하고 리콜 등의 _____ 을/를 발표하고 있지만 이미 나빠진 이미지를 회복하기는 힘들어 보인다.

6) 요즘 청소년 비만이 증가하고 있는데 조사 결과 피자, 햄버거, 라면과 같은 고칼로리의 패스트푸 드가 비만의 _____인 것으로 밝혀졌습니다.

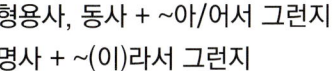 

형용사, 동사 + ~아/어서 그런지
명사 + ~(이)라서 그런지

1 〈보기〉와 같이 '~아/어서 그런지'를 사용해서 문장을 완성하십시오.

> ㉮ 약간 지저분하다
> ㉯ 자꾸 졸리다
> ㉰ 한번 들으면 금방 이해하다
> ㉱ 나이보다 훨씬 어려 보이다
> ㉲ 식곤증이 너무 심해서 죽을 지경이다
> ㉳ 여름인데도 아이스크림이 잘 안 팔리다

> 보기 　오래된 건물이다 / ㉮ **약간 지저분하다**
> → 오래된 **건물이라서 그런지** 약간 지저분하다.

1) 똑똑하다 / _____

　→ _____.

2) 날씨가 덥지 않다 / _____

　→ _____.

3) 어제 무리를 하다 / _____

　→ _____.

4) 얼굴에 화장기가 없다 / _____

　→ _____.

5) 날씨가 따뜻해지다 / _____

　→ _____.

2 '~아/어서 그런지'를 사용해서 대화를 완성하십시오.

1) 가 : 이 옷은 _____ 찾는 손님이 거의 없어.

　　나 : 그러게. 반응이 꽤 좋을 줄 알았는데.

2) 가 : 민호는 _____ 애교가 많은 것 같아요.

　　나 : 맞아요. 하는 짓이 어쩜 그렇게 귀여운지!

3) 가 : 구내식당이 _____ 폐점을 했네요.

　　나 : 내가 금방 문 닫을 줄 알았다니까요.

4) 가 : _____ 거리에 꽃을 들고 가는 사람들이 많이 보여요.

　　나 : 그렇죠. 2월이니까 요즘 한창 그때죠.

5) 가 : 미나 씨, 오늘 왜 이렇게 얼굴이 안 좋아요?

　　나 : 어제 잠을 _____ 좀 피곤해요.

6) 가 : 오늘이 _____ 학교에 사람들이 아주 많더라.

　　나 : 아, 오늘부터 축제가 시작되는구나. 깜빡 잊고 있었어.

7) 가 : 진우한테 내일 같이 영화 보러 가자고 했어?

　　나 : 응, 그런데 _____ 싫다고 하더라.

8) 가 : 오늘 명동에 사람들이 많았어?

　　나 : 아니, _____ 별로 없었어.

📝 문형연습 Pattern Practice

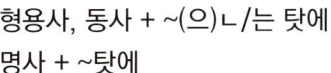 

형용사, 동사 + ~(으)ㄴ/는 탓에
명사 + ~탓에

1 다음 중 맞는 것에 O, 틀린 것에 X를 하십시오.

1) 날씨가 따뜻한 탓에 별로 고생하지 않고 산에 갔다 왔어요. (O, X)

2) 네가 이렇게 편안히 사는 것은 부모님이 부자인 탓이야. (O, X)

3) 요즘은 날이 춥고 건조한 탓에 화재 사고가 빈번하다. (O, X)

4) 우리 아버지는 항상 자신의 말만 맞다고 우기는 탓에 사람들과 자주 갈등이 생겨요. (O, X)

5) 프로 골퍼 P 씨는 밤잠도 줄여 가며 연습을 한 탓에 세계 정상의 자리에 오를 수 있었다. (O, X)

6) 연예 프로그램을 진행하는 사회자 A 씨는 생각 없이 말을 하는 탓에 어디를 가나 욕을 먹는다.

(O, X)

7) 남대문 시장에 있는 아동복 가게는 주변 가게보다 물건 값이 싼 탓에 늘 손님이 몰린다. (O, X)

8) 경기가 불황인 탓에 백화점에서는 물건을 사지 않고 구경만 하는 사람들이 늘었다고 한다.

(O, X)

2 '~(으)ㄴ/는 탓에'를 사용해서 문장을 완성하십시오.

1) 그저께 눈이 많이 _____ 산에 갈 수 없었다.

2) 내가 그때 프랑스로 유학을 떠나지 못했던 것은 _____.

3) 전화번호를 적은 종이를 _____ 전화를 걸 수 없었다.

4) 공부는 안 하고 _____ 결국 시험에 떨어졌다.

5) 가 : 난 어릴 때 별명이 먹보였는데 넌?

　　나 : 난 울보였어. 자주 _____ 그런 별명이 붙었지.

6) 가 : 회사와 노조 간에 갈등이 심각하던데 협상은 어떻게 됐어요?

　　나 : _____ 협상이 힘들 것 같던데요.

7) 가 : 한국 사람들이 다른 나라 사람들보다 위암 발병률이 높다면서요?

　　나 : _____ 그런 것 같아요.

8) 가 : 이번 세계 선수권 대회에 김 선수의 최대 라이벌인 캐나다 선수가 출전을 포기했다면서요?

　　나 : 네, 이번 시합을 위해 지난 일 년 동안 힘들게 준비했는데 _____
　　　　 이번 경기에 참가할 수 없게 됐대요.

 **문형연습** Pattern Practice

형용사, 동사 + ~았/었더라면
명사 + ~이었/였더라면

1 〈보기〉와 같이 '~았/었더라면'을 사용해서 문장을 완성하십시오.

보기 조금만 더 참다 •————————• ㉠ 친구와 싸우지 않다

1) 요리를 미리 배우다 • • ㉡ 시험에서 빵점을 받지 않다

2) 평소에 체력을 기르다 • • ㉢ 멋진 파티 음식을 만들 수 있다

3) 평소에 양치질을 잘 하다 • • ㉣ 사고 싶은 것을 마음대로 사다

4) 꾸준히 돈을 모으다 • • ㉤ 한 시간 이상 뛸 수 있다

5) 어젯밤에 조금이라도 공부하다 • • ㉥ 저녁에 야근할 필요가 없다

6) 낮에 열심히 일하다 • • ㉦ 치과에 안 가도 괜찮다

보기 　　조금만 더 **참았더라면** 친구와 싸우지 않았을 텐데…….

---

1) _____

2) _____

3) _____

4) _____

5) _____

6) _____

2 '~았/었더라면'을 사용해서 대화를 완성하십시오.

1) 가 : 어제 정아 씨네 집들이 진짜 재미있었어요. 민호 씨도 함께 ＿＿＿＿＿＿＿＿＿＿
　　　좋았을 걸 그랬어요.

　　나 : 저도 가고 싶었는데 고향에서 부모님께서 오셔서 어쩔 수 없었어요.

2) 가 : 도착한 지 한 시간도 안 됐는데 벌써 해가 졌네요.

　　나 : 그러게요. ＿＿＿＿＿＿＿＿＿＿＿＿＿ 어두워지기 전에 도착했을 텐데요.

3) 가 : 저런, 머리랑 옷이 다 젖었네요! 비 맞고 왔나 봐요.

　　나 : 네, ＿＿＿＿＿＿＿＿＿＿＿ 비를 안 맞았을 텐데…….

4) 가 : 오늘부터 백화점 세일을 시작한대요.

　　나 : 뭐야, 나 어제 구두 샀는데. ＿＿＿＿＿＿＿＿＿＿＿＿ 안 사고 기다렸을 텐데…….

5) 가 : 이번 여행 즐거우셨어요?

　　나 : 아니요, 교통편을 잘 알아보지 않고 갔다가 너무 고생을 했어요.
　　　미리 ＿＿＿＿＿＿＿＿＿＿＿ 편하게 다녀올 수 있었을 텐데 아쉬워요.

3 지금까지 살면서 후회되는 일에 대해 '~아/어서 그런지', '~탓에, ~았/었더라면'을 사용해서 써 보십시오. (문법 2개 이상 사용)

1 다음은 세계적으로 일어나고 있는 환경 파괴 현상에 대한 기사입니다. 〈보기〉에서 알맞은 단어를 찾아 기사를 완성하십시오.

| 보기 | 기상이변 | 지구온난화 | 집중호우 | 오존층 파괴 | 프레온가스 | 빙하 | 해수면 |

보기 〈 몽골의 사막화 〉

지구온난화와 건조한 날씨로 국토의 50%가 사막화되고 있는 몽골. 몽골의 수도 울란바토르에서 서쪽으로 180km 떨어진 바양노르에서는 단 한 그루의 나무도 찾아볼 수 없다.

〈 방글라데시의 대홍수 〉

아열대 기후인 방글라데시는 5월 말부터 9월 말까지가 우기이다. 작년 방글라데시 남부 지역에 1) _____이/가 내려 이재민 600만 명이 발생했고 국토의 50% 이상이 물에 잠겼다.

〈 2) _____상승 〉

지구온난화로 3) _____이/가 녹고 있다. NASA(미국 항공 우주국)는 북극의 얼음 층이 지난 1년 동안 절반 이하로 줄었다고 밝혔다. 햇빛을 반사해 지구의 온도를 낮추는 역할을 하는 빙하가 줄어들어 바다 면적이 늘어나게 되면 지구온난화 속도는 더욱 빨라진다. 또한, 바닷물의 흐름이 바뀌어 세계 곳곳에서 4) _____이/가 일어날 위험이 커진다.

〈 5) _____ 〉

환경오염으로 인해 자외선을 차단해 주는 오존층이 파괴되어 최근 10년간 20, 30대 피부암 환자가 4배 증가했다는 조사 결과가 나왔다. 오존층 파괴의 주범은 냉장고, 에어컨 등에 사용되는 6) _____이다. 오존층이 파괴되어 자외선에 장시간 노출되면 피부암뿐만 아니라 백내장과 같은 심각한 안질환을 유발할 수 있다.

🎧 듣기 2 Listening 2

1 〈보기〉에서 알맞은 단어를 찾아 쓰십시오.

| 보기 | 이면지 | 손수건 | 손 건조기 | 에코백 | 화초 | 멀티탭 |

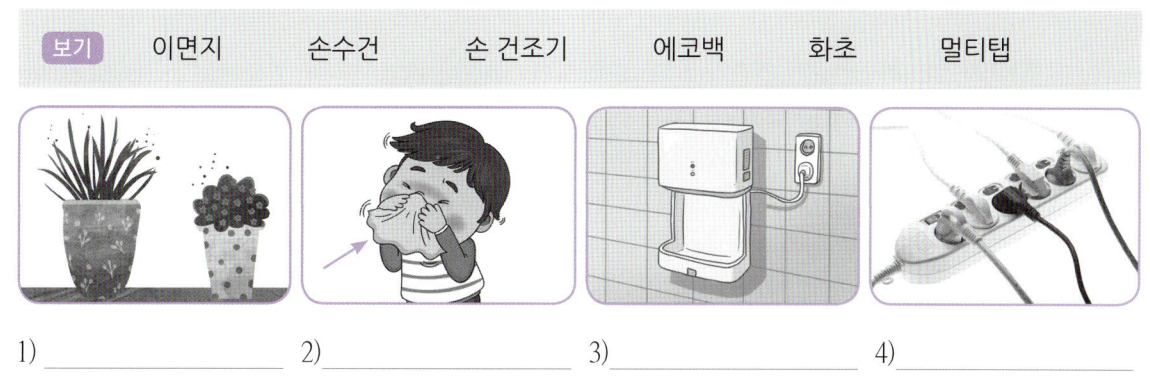

1) _____ 2) _____ 3) _____ 4) _____

2 다음 단어의 의미로 알맞은 것을 골라 연결하십시오.

1) 무공해 •
2) 친환경 •
3) 절전 •
4) 정수 •
5) 생활하수 •
6) 하이브리드 카 •

• ㉮ 유해 가스, 연비를 줄인 친환경 자동차
• ㉯ 사람, 자연에 피해를 주지 않음
• ㉰ 전기를 아껴 씀
• ㉱ 물을 깨끗하게 함
• ㉲ 환경과 조화됨, 환경에 피해를 주지 않음
• ㉳ 가정에서 쓰고 버리는 더러운 물

3 〈보기〉에서 알맞은 표현을 골라 문장을 완성하십시오.

| 보기 | 공해 | 효율성이 좋다 | 홍보하다 | 사소하다 | 서서히 |

1) 우리 집 앞에 큰 아파트를 짓기 시작해서 소음 _____이/가 심해졌다.

2) 가 : 친구랑 _____ 일로 싸웠는데 자존심이 상해서 먼저 사과하기는 싫고 어떡하죠?
   나 : 계속 마음이 불편한 채로 있지 말고 그냥 빨리 사과하세요.

3) 아침 운동을 1시간씩만 하면 처음엔 잘 모르겠지만 _____ 몸이 좋아지는 걸 느끼실 테니까
   그만두지 말고 3개월만 계속해 보세요.

4) 요즘 가전제품에는 '에너지 등급'이 1~5의 숫자로 표시되어 있는데 숫자가 작을수록 _____
   _____ 제품이라서 전기세가 덜 나와요.

5) 요즘 SNS를 통해 새로 문을 연 가게나 브랜드를 _____ 일이 많다.
   TV 광고나 신문 광고보다 비용도 싸고 효과도 더 좋기 때문이다.

다음을 읽고 질문에 답하십시오.

제 88회 아카데미 시상식. 5번의 도전 끝에 '레버넌트(The Revenant)'로 남우주연상을 수상한 레오나르도 디카프리오의 수상 소감에 모두의 관심이 쏠렸다. 하지만, 그가 꺼낸 뜻밖의 메시지!

"지난해는 역사상 가장 더운 해였습니다. 레버넌트를 찍기 위해 눈을 찾아 지구 남쪽 끝으로 내려가야 했습니다. 기후 변화는 현실입니다. 심지어 이 순간에도 일어나고 있죠. 여러분의 아들, 딸들을 위해서 우리가 바뀌어야 할 때입니다. 대자연을 당연히 주어진 것으로 생각하지 마세요. 저도 오늘 밤, 이 순간을 당연히 주어진 것으로 생각하지 않을 테니까요."

사실 레오나르도는 어렸을 때부터 환경 운동에 대한 꿈을 키워 왔다. 1998년, 불과 24살의 나이에 그는 자신의 이름을 건 환경 재단을 직접 만들었다. 그의 재단은 현재까지 40여 개 나라에서 70개 이상의 프로젝트를 활발히 진행하며 멸종 위기 동물 보호, 기후 변화 방지를 위해 활발히 힘쓰고 있다. 2004년, 반(反) 환경정책을 이유로 조지 부시 전 대통령의 재선을 적극적으로 반대하기도 했다. 2007년에는 '11번째 시간'이라는 환경 다큐멘터리 제작까지 나섰다. 자신의 명성과 재능을 기꺼이 환경 보호 운동에 바친 것이다. 그는 일상생활에서도 환경 보호를 실천한다. 평소에 하이브리드 자동차를 타고, 집에 직접 태양전지판을 설치했다. 불필요한 연료 사용을 막기 위해 전용기도 거의 이용하지 않는다. 2015년에는 본인 재단을 통해 환경 보호 기구에 1500만 달러를 기부하는 등 활발한 기부 활동도 펼치고 있다. 누군가는 그가 할리우드 배우이기 때문에, 회당 몇백억을 받는 톱스타라서 환경 보호를 할 수 있다고 말할지도 모른다. 하지만 적어도 그의 용기 있는 실천은 우리에게 질문을 던진다.

"당신은 사회에 대해 어떤 책임감을 갖고 있는가? 더 나은 세상을 위해 무엇을 할 수 있는가?"

1 맞는 것에 O, 틀린 것에 X 하십시오.

1) 레오나르도 디카프리오는 아카데미에서 5번 수상을 했다. (O, X)
2) 레오나르도 디카프리오는 어릴 때부터 환경운동에 관심이 많았다. (O, X)
3) 레오나르도 디카프리오는 2004년 조지 부시 대통령의 재선을 반대했다. (O, X)
4) 레오나르도 디카프리오는 자신의 재단을 통해 환경을 위한 기부를 하고 있다. (O, X)

2 레오나르도 디카프리오가 환경을 위해 실천하고 있는 것 중에서 가장 인상적인 것은 무엇입니까?

_____

_____

_____

3 여러분 나라에도 레오나르도 디카프리오와 같이 환경 보호를 실천하는 유명인이 있습니까? 소개해 주십시오.

_____

_____

_____

_____

4 여러분은 자연을 보존해야 한다고 생각하십니까? 인간의 편리를 위해 개발해야 한다고 생각하십니까? 아래의 의견을 참고하여 자신의 의견을 써 봅시다.

〈 보존해야 한다는 의견 〉

　환경을 무시하고 개발만을 한다면 인간에게 가장 먼저 그 피해가 온다고 생각한다. 그 좋은 예가 새만금 간척사업이다. 새만금 간척사업은 전라북도 군산시부터 부안군까지 총 33.9km에 이르는 방조제를 건설해 서해안의 갯벌과 바다를 육지로 바꾸는 사업이었다. 그 결과 대규모 농지가 만들어지고 경제가 활성화되는 장점도 있었지만 많은 해양 생물이 죽었고 오염 물질을 정화하는 갯벌의 기능이 사라져 오염 물질이 곧장 바다로 배출되게 되었다. 이렇게 오염된 바다에서 잡힌 해산물을 사람이 먹으면 질병이 생기거나 죽을 수도 있다. 이처럼 환경과 인간은 밀접한 관계가 있다. 인간을 위해 하는 개발이 오히려 인간에게 독이 될 수도 있다는 뜻이다.

〈 개발해야 한다는 의견 〉

　우리가 개발을 무조건 반대했다면 지금과 같은 좋은 환경에서 공부하고 일하고 생활할 수 있었을까? 아마 그럴 수 없었을 것이다. 개발을 무조건적으로 반대한다면 우리는 생활 곳곳에서 불편함을 느껴야 할 것이다. 물론 개발을 하게 된다면 환경이 파괴될지도 모르지만 다수의 이익을 위해서라면 꼭 필요한 정책이다. 환경을 보존해야 하는 이유가 인간의 행복을 위해서라면 개발도 똑같은 이유에서 필요하다고 생각한다.

_____

_____

_____

_____

📖 종합연습 Exercise

1 <보기>에서 알맞은 표현을 골라 대화를 완성하십시오.

보기	친환경	절전	해수면이 상승하다	집중호우	가뭄	빙하
	~아/어서 그런지		~(으)ㄴ/는 탓에		~았/었더라면	

가 : 환경이 1) _____ 여름이 점점 길어지고 더워지는 것 같아요.

나 : 맞아요. 지구온난화가 계속 2) _____ 북극의 3) _____이/가 녹으면서
4) _____아/어서 남태평양의 투발루와 같이 물에 잠기는 지역도 늘고 있대요.

가 : 그런 자연 재해들을 보면 환경을 위해 뭔가 노력해야겠다는 생각이 들어요.

나 : 그래서 요즘은 자연에도 피해를 주지 않고 건강에도 좋은 5) _____ 제품의 인기가 높아지
고 있대요.

가 : 우리 회사는 6) _____을/를 하기 위해서 평일 오후 6시부터 '냉난방기 30분 *끄기* 운동'을
진행하고 있어요.

나 : 그런 노력을 좀 더 빨리 7) _____ 환경이 조금은 덜 오염됐을 텐데요.

가 : 그래도 늦었다고 생각할 때가 제일 빠른 때라고 하잖아요. 지금부터라도 환경을 위해 조금씩
노력하면 좋은 변화가 생기지 않겠어요?

2 다음 중 접두사가 <u>잘못</u> 사용된 단어를 골라 바르게 고치십시오.

1) ① 생감자   ② 풋고추   ③ 날사과   ④ 양배추

(정답: _____ → _____)

2) ① 되걸음   ② 덧니   ③ 맨손   ④ 헛기침

(정답: _____ → _____)

3) ① 맏딸   ② 생얼굴   ③ 외아들   ④ 맏사위

(정답: _____ → _____)

4) ① 재개발   ② 역방향   ③ 신세대   ④ 미정상

(정답: _____ → _____)

5) ① 날고기   ② 생고기   ③ 되찾다   ④ 재묻다

(정답: _____ → _____)

UNIT 07 남녀 차이

단어 Vocabulary

대화
- 언짢다
- 상하다
- 입장
- 섭섭하다
- 의도
- 상대방
- 자상하다
- 잦다
- 사사건건

어휘
- 무뚝뚝하다
- 결단력(이) 있다
- 겸손하다
- 고집(이) 세다
- 과묵하다
- 꼼꼼하다
- 내성적이다
- 느긋하다
- 변덕스럽다
- 사교적이다
- 성실하다
- 소심하다
- 얌전하다
- 외향적이다
- 이기적이다
- 지도력(이) 있다
- 직선적이다
- 차분하다
- 추진력(이) 있다
- 털털하다
- 활동적이다
- 덤벙대다

문형 연습
- 화약
- 나침반
- 발명품
- 괜스레
- 훌쩍
- 정시
- 유형

읽기
- 서평
- 일깨우다
- 힘겨워하다
- 기억상실
- 비유
- 목표 지향적
- 관계 지향적
- 집착하다
- 동굴
- 파도
- 갈대
- 야심

쓰기
- 가냘프다

문법
- ~(으)ㄹ걸요
- ~다(가) 보면
- ~기 십상이다

1 〈보기〉에서 알맞은 단어를 골라 문장을 완성하십시오.

보기	언짢다	상하다	입장	섭섭하다	의도
	상대방	자상하다	잦다	사사건건	

1) 가 : 누나랑 같이 사니까 좋겠어요.

   나 : 좋기는요, ＿＿＿＿＿＿ 잔소리를 해서 너무 피곤해요.

2) 가 : 앗! 이 생선 ＿＿＿＿＿＿ 것 같은데!

   나 : 아이고, 사자마자 냉장고에 넣는 걸 까먹었더니……. 아까워라…….

3) 가 : 미라 씨 남자친구는 참 ＿＿＿＿＿＿＿＿ 것 같아요.

   나 : 네, 저보다 나이가 어린데 워낙 잘 챙겨 주니까 오빠 같은 느낌이 들어요.

4) 가 : 미라 씨가 생일 파티에 반 친구들을 다 초대하고 저만 초대하지 않아서 정말 ＿＿＿＿＿＿.

   나 : 설마 미라 씨가 일부러 그랬겠어요. 깜빡했겠죠.

5) 가 : '배려'란 무슨 뜻일까요?

   나 : 내 생각, 내 주장만 하는 게 아니고 ＿＿＿＿＿＿의 ＿＿＿＿＿에서 생각하는 거예요. 남을 먼저 생각하는 거죠.

6) 가 : 사장님이 도대체 무슨 ＿＿＿＿＿(으)로 이번 회의를 연기하신 걸까?

   나 : 글쎄……. 나도 뭔가 긴장돼.

7) 가 : 요즘 날씨가 건조해져서 그런지 산불 사고가 ＿＿＿＿＿＿＿.

   나 : 저도 뉴스에서 자주 들었어요. 등산 갈 때 조심해야겠어요.

8) 가 : 미라 씨, 무슨 ＿＿＿＿＿＿ 일이라도 있었어요? 얼굴을 왜 그렇게 찌푸리고 계세요?

   나 : 지하철을 탔는데 제 바로 옆에 앉은 아줌마가 전화로 계속 싸우는 거예요. 귀 아파 죽는 줄 알았어요.

문형연습 Pattern Practice

> 형용사, 동사 + ~(으)ㄹ걸요
> 명사 + ~일걸요

1 〈보기〉와 같이 '~(으)ㄹ걸요'를 사용해서 대화를 완성하십시오.

> 보기 가 : 저기 있는 분이 미선 씨 언니일까요?
> 나 : 아마 아닌 것 같아요. 저 분은 키가 작잖아요.
> 미선 씨가 키가 크니까 아마 언니도 키가 **클걸요**.

1) 가 : 앗! 회사에 핸드폰 두고 왔다! 사무실에 전화 좀 해 줄래?

  나 : 근데 지금 시간이면 모두 _____.

2) 가 : 요즘 뉴스 보면 온통 살인 사건 얘기더라. 무서워 죽겠어.

  나 : 아마 어제 범인이 경찰에 _____. 뉴스에 나온 것 같은데.

3) 가 : 폴 씨가 오늘 회식에 올까요?

  나 : 회의가 있어서 아마 _____.

4) 가 : 안나 씨 집에 전화해 볼까요?

  나 : 오늘 저녁에 학회가 있다고 했으니까 _____.

5) 가 : 책을 빌리러 가려고 하는데 도서관이 몇 시까지 하는지 아세요?

  나 : 글쎄요……. 정확히는 모르지만 _____.

2 만약에 다음과 같은 일이 발생한다면 어떻게 될까요? 상상해 봅시다.

> 보기 세종대왕이 한글을 발명하지 않았다면
> → 한글이 있기 전에 한국도 한자를 썼으니까 아마 지금도 한자를 **쓰고 있을걸요**.

1) 비행기가 발명되지 않았다면

  → _____.

2) 세계가 모두 한 가지 언어를 쓴다면

  → _____.

3) 2차 세계 대전 / 6 · 25전쟁이 일어나지 않았다면

  → _____.

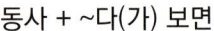

동사 + ~다(가) 보면

1 〈보기〉와 같이 '~다(가) 보면'을 사용해서 대화를 완성하십시오.

> 보기   가 : 요즘 제대로 되는 일이 하나도 없어요. 정말 기운 빠지네요.
>
> 나 : 힘내세요! **살다 보면 힘든 날도 있지만 또 좋은 날도 있는 거 아니겠어요?**

1) 가 : 정말 죄송합니다. 우리 아들이 유리창을 깼어요.

   나 : 괜찮아요, 아이들이 _____.

2) 가 : 제가 이 일은 처음 해 보는 거라서 잘할 수 있을지 모르겠습니다.

   나 : 일을 _____ 익숙해질 테니까 너무 걱정하지 마세요.

3) 가 : 마크 씨는 집안일을 참 잘하네요.

   나 : 혼자 _____.

4) 가 : 그림을 너무 좋아해서 제가 직접 그려 보려고 배우고 있는데 잘 안 돼요.

   나 : 처음에는 좀 서툴더라도 자꾸 _____.

5) 가 : 어제가 지영 씨 생일이었네요? 잊어버려서 정말 미안해요.

   나 : 괜찮아요. _____.

6) 가 : 이번에 S사가 부도가 나서 엄청 손해를 봤어요. 괜히 주식에 투자했나 봐요.

   나 : _____.

7) 가 : 시험에 또 떨어졌어요. 똑같은 실수를 또 했네요. 전 정말 바보인가 봐요.

   나 : _____.

8) 가 : 이 책은 내용이 너무 어려워서 도저히 무슨 의미인지 모르겠어요.

   나 : _____.

1 〈보기〉와 같이 '~기 십상이다'를 사용해서 문장을 완성하십시오.

> **보기**   그렇게 생각없이 살다가는 나중에 **후회하기 십상이다**.

1) 여름에 좀 덥다고 밤에 이불을 덮지 않고 자다가는 _____.

2) 아이를 위한다고 뭐든지 다 해 주면 _____.

3) 헬멧을 안 쓰고 오토바이를 타면 _____.

4) 요리하다 딴짓을 하면 _____.

5) 말을 많이 하는 직업을 가진 사람들은 _____.

6) 여행지에서 돈을 한꺼번에 많이 가지고 다니다가는 _____.

7) 가 : 시간이 없어서 5분 안에 식사를 해야 하니까 서두르세요.

   나 : _____.

8) 가 : 카드 값이 500만 원이나 나왔어요. 이렇게 많이 나올 줄 몰랐는데…….

   나 : _____.

9) 가 : 요즘 제주도 바다가 아주 멋지다는데 며칠 휴가 내고 갔다 올까 봐요.

   나 : 마감이 코앞인데 휴가 내고 놀러 갔다가는 _____.

10) 가 : 이 식당은 개업했을 땐 고기 질이 좋았는데 점점 안 좋아지는 것 같아요.

    나 : 장사가 잘된다고 해서 품질이 안 좋은 고기를 쓰다가는 _____.

2 다음 글을 읽고 내용과 일치하는 것을 고르십시오.

> 남자와 여자의 가장 큰 차이는 사고방식과 행동 습관이 전혀 다르다는 점이다. 남자는 목표를 위해 끊임없이 노력하고 때로는 관계를 포기하면서까지 성공과 능력에 집착한다. 여자는 사람과의 관계를 중요시하고 가족이나 친구와의 관계 속에서 편안함과 행복을 느낀다. 이러한 차이를 이해하지 못하면 결국 서로 오해하게 되고 싸움으로 번지기 십상이다.

① 남자는 목표지향적이므로 성공보다는 관계에 비중을 두는 경우가 많다.
② 여성은 관계지향적이므로 가족보다는 일이나 능력에 집착하기 십상이다.
③ 남자와 여자는 차이가 크지만 기본적인 생각이나 행동 방식은 비슷하다.
④ 남자와 여자의 차이를 이해하지 못하면 서로 다투는 상황이 발생하기 쉽다.

1 다음 빈칸에 행성의 이름을 바르게 쓰십시오.

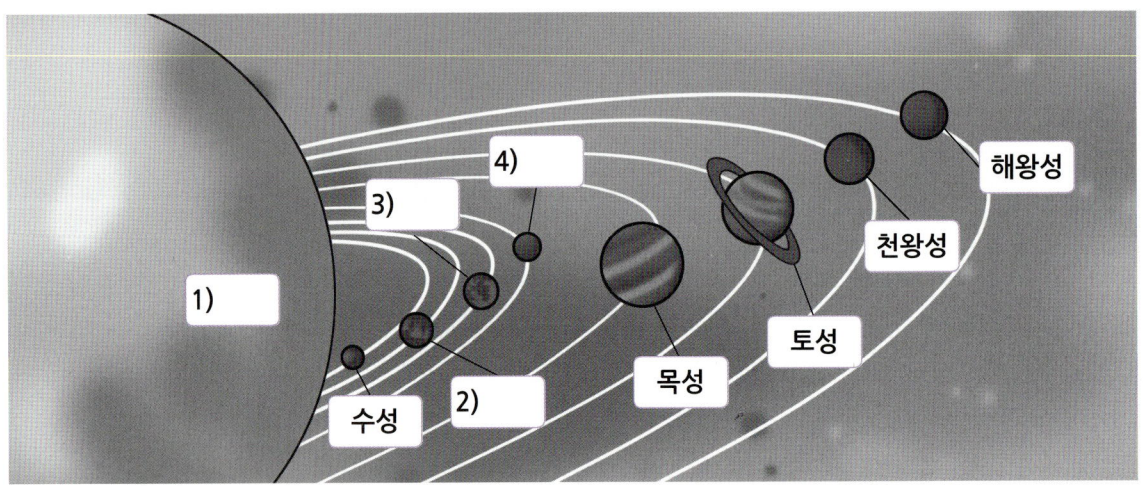

2 반대 의미가 있는 단어끼리 연결하십시오.

1) 무능력하다 •　　　　　　　　• ㉮ 포기하다

2) 지속적이다 •　　　　　　　　• ㉯ 능력(이) 있다

3) 끊임없이 •　　　　　　　　• ㉰ 일시적이다

4) 집착하다 •　　　　　　　　• ㉱ 가끔, 잠깐

3 다음 중 사용이 <u>어색한</u> 것을 고르십시오.

1)

> 가 : 김OO 선생님은 어두웠던 제 사춘기 시절에 희망이 무엇인지를 _____ 주신 고마운 분입니다.
>
> 나 : 그분 덕분에 민수 씨가 이렇게 좋은 어른이 될 수 있었군요.

① 가르쳐　　　　② 알려　　　　③ 의도해　　　　④ 일깨워

2)

> 가 : 어제 A 회사랑 협상은 잘 됐대요?
>
> 나 : 아니요, 우리 쪽에서 _____ 조건이 마음에 안 들었는지 협상을 미루고 그냥 돌아갔대요.

① 내세운　　　　② 집착한　　　　③ 제시한　　　　④ 요구한

4 〈보기〉에서 알맞은 단어를 골라 대화를 완성하십시오.

보기	비유	사고방식	지향	동굴	시각

1) 가 : 김미라 씨는 어릴 때 외국 생활을 오래 해서 그런지 _____이/가 다른 한국 직원들이랑 다른 것 같아.

   나 : 그렇죠? 좀 더 자유롭고 창의적인 생각을 잘하는 것 같아요.

2) 가 : 한국에서는 크고 맑은 눈을 호수에 _____해요.

   나 : 와! 정말 아름다운 표현이네요.

3) 가 : 한국에서는 1950년대부터 민주주의를 _____하는 사회운동이 시작되었어요.

   나 : 미국에서는 그 시기에 흑인 차별을 없애자는 사회운동이 일어난 걸로 유명해요.

4) 가 : '_____'(이)란 무슨 뜻이에요?

   나 : 눈으로 보는 감각이라는 뜻이죠. 혀로 맛을 느끼는 것은 미각, 냄새 맡는 감각은 후각, 귀로 듣는 것은 청각, 만져서 느끼는 것은 촉각이라고 해요.

5) 가 : 한국에는 _____이/가 참 많은 것 같아요. 제주도에 갔을 때도 그렇게 느꼈는데 단군 신화에도 보니까 곰이 쑥과 마늘을 먹고 이곳에서 사람이 되었군요.

   나 : 하하하, 그렇네요. 아마 산이 많기 때문이겠죠.

📖 읽어 봅시다

다음 글을 읽고 질문에 답하십시오.

(가) 육아휴직을 내고 주부가 된 아빠가 있다. 인천에 사는 김OO 씨(38세)다. 김 씨의 아침은 오전 7시, 출근하는 아내의 아침 식사를 차려 주는 것으로 시작한다. 그 후 큰 아이를 깨워 어린이집으로 보낸 뒤 막내의 아침밥을 먹인다. 설거지를 하고 집안 청소와 빨래를 모두 마치는 시간은 오전 10시. 막내를 낮잠 재우고 나면 비로소 하루 중 유일한 자신만의 휴식 시간이 생긴다. 막내가 낮잠에서 깨면 간식을 챙겨 먹이고 동네 산책을 나간다. 오후 4시에 막내가 다시 낮잠을 자면 본격적으로 저녁 식사 준비를 시작한다. 아내 박OO 씨(36세)가 퇴근할 때쯤이면 어린이집에 갔던 첫째가 돌아오고 온 식구가 함께 아빠가 준비한 저녁 식탁에 둘러앉는다. 김 씨의 직업은 공무원. 1년간 육아휴직을 냈다.

(나) "아내는 교사인데 출산과 육아 때문에 3년 6개월 육아휴직을 했어요. 아이를 위해 어쩔 수 없었지만 그래도 좀 미안했죠. 아내는 교사가 참 적성에 맞는 사람이거든요. 그래서 이번에는 제가 육아휴직을 냈어요."

(다) 처음 집안일을 시작했을 때, 요리를 해 본 적이 없는 그는 매일 똑같은 요리만 해야 했다. 이제는 제법 익숙해져 냉장고에 있는 재료만 가지고도 여러 가지 음식을 만들어 낼 수 있는 수준에 이르렀다. 남편이 만든 밥을 먹으며 아내는 '요즘 정말 행복해, 여보, 너무 맛있어'라는 칭찬을 아끼지 않는다. 아이들도 김 씨가 만든 요리를 맛있어 한다. 가끔은 요리를 해 이웃들을 초대하기도 한다. 남자인 그가 육아휴직을 하겠다고 했을 때 주변의 반응은 어땠을까. 동료들은 걱정하는 분위기였지만 가족은 오히려 그를 응원했다. 막내인 그에게 누나들은 '시대가 달라졌으니 너도 육아휴직을 해야 한다'며 그를 응원했고, 누나들 덕분인지 어머니 역시 걱정은 하셨지만 반대는 하지 않으셨다. 하지만 김 씨는 주부로서의 생활이 그다지 만족스럽지 않다.

(라) 그는 '집안일 스트레스'에서 벗어나기 위해 자신만의 공간을 하나 만들었다. 아내와 아이들의 저녁을 차려 주고 설거지를 끝낸 후엔 그 공간에서 휴식 시간을 갖는다. 그는 남편들에게 한마디 조언을 했다.

"남편들이 아내를 칭찬해 주는 것이 아주 중요해요. 하는 일에 자부심을 느낄 수 있도록 늘 칭찬해 주고 격려해 주면 훨씬 덜 힘들 것 같아요. 가끔씩 주부에게 자기만의 시간을 주는 것은 필수죠."

1 맞는 것에 O, 틀린 것에 X 하십시오.

1) 김 씨는 공무원인데 1년간 육아휴직을 냈다. (O, X)

2) 김 씨는 원래 요리를 잘하는 남자였다. (O, X)

3) 김 씨가 육아휴직을 낸다고 했을 때 가족들이 모두 반대했다. (O, X)

4) 김 씨는 남편들에게 아내를 많이 칭찬해 주라고 조언했다. (O, X)

2 다음 글이 들어가기에 알맞은 곳은?

> "주부가 된 후 일상이 무기력해지고 사소한 일에 짜증이 나요. 평소 같으면 화낼 만한 일이 아닌 데도 화내고 있는 나를 발견하곤 해요. 예를 들면 양말을 뒤집어 벗어 놓는 것 같은 거죠. 남편에게 잔소리하는 아줌마들이 이해되기 시작했어요. 저는 이 주부 생활이 1년으로 기간이 정해져 있고 아내가 계속 칭찬해 주니 할 만하지만 일반 주부들은 그렇지 않아요. 아무리 열심히 일해도 적절한 보상이나 칭찬이 없으니 얼마나 힘들까 싶어요."

① (가)　　　　② (나)　　　　③ (다)　　　　④ (라)

3 여러분은 김 씨와 같은 남자 주부에 대해 어떻게 생각합니까? 남성과 여성이 모두 행복하고 평등해지기 위해 어떤 노력이 필요하다고 생각합니까? 자신의 의견을 쓰십시오.

📖 종합연습 Exercise

1 〈보기〉에서 알맞은 표현을 골라 대화를 완성하십시오.

보기	~(으)ㄹ걸요	~다(가) 보면	~기 십상이다	단순하다	겸손하다
	과묵하다	꼼꼼하다	사교적이다	소심하다	성실하다
	얌전하다	직선적이다	추진력이 있다		

가 : 리사 씨는 복잡하지 않고 아이처럼 1) _____ 성격이라서 무엇을 하기 시작하면 이것저것 생각하지 않고 맡은 일을 열심히 하는 것 같아요.

나 : 맞아요. 그리고 아마 우리 팀에서 집중력이 가장 2) _____. 일할 때 불러도 잘 못 듣더라고요.

가 : 아! 저는 그렇게 집중력이 좋은 사람이 부러워요. 전 너무 집중력이 없어요. 책만 보면 졸려서 3) _____.

나 : 하하하, 그래도 다나카 씨는 4) _____ 사람이잖아요. 친구도 많고 유머 감각도 뛰어나고요.

가 : 아이고, 과찬의 말씀입니다. 미라 씨 성격이 최고죠! 맡은 일을 5) _____ 잘하고 실수를 하지 않는 6) _____ 성격이잖아요. 사장님이 예뻐하실 만해요.

나 : 별말씀을요. 아직 많이 부족해요.

가 : 와! 7) _____기까지! 역시 미라 씨가 최고예요!

2 다음 중 접미사가 <u>잘못</u> 사용된 단어를 골라 바르게 고치십시오.

1) -꾼
　① 사기꾼　　② 고집꾼　　③ 나무꾼　　④ 구경꾼
　　　　　　　　　　　　　　　　　　　(정답: _____ → _____)

2) -질
　① 예술질　　② 가위질　　③ 곁눈질　　④ 싸움질
　　　　　　　　　　　　　　　　　　　(정답: _____ → _____)

3) -쟁이
　① 겁쟁이　　② 거짓말쟁이　　③ 사냥쟁이　　④ 멋쟁이
　　　　　　　　　　　　　　　　　　　(정답: _____ → _____)

4) -거리다
　① 울렁거리다　　② 자랑거리다　　③ 반짝거리다　　④ 비틀거리다
　　　　　　　　　　　　　　　　　　　(정답: _____ → _____)

UNIT 08 계절과 날씨

 단어 Vocabulary

🎬 대화

- 영향권
- 강수량
- (날이) 개다
- 후텁지근하다
- 열대야
- 기승을 부리다
- 잠을 설치다
- 한창

📖 어휘

- 불볕더위
- 고기압
- 저기압
- 꽃샘추위
- 삼한사온
- 한파
- 천고마비
- 적설량
- 자외선
- 포근하다
- 화창하다
- 무덥다
- 선선하다
- 쌀쌀하다

🎧 듣기

- (반소매) 차림
- 안팎
- 유의하다
- 분포
- 웃돌다
- 일교차
- 다소
- 각별히
- 흥미롭다
- 연상 작용
- 평년
- 대비

🏷 Jump page

- 가랑비에 옷 젖는 줄 모른다
- 비 온 뒤에 땅이 굳는다
- 번갯불에 콩 구워 먹듯 (하다)
- 마른 하늘에 날벼락 이다
- 설상가상
- 오리무중
- 청천벽력
- 풍전등화
- 우후죽순

📝 문법

- ~(ㄴ/는)다니요
- ~기는 틀리다
- ~(으)ㄴ/는걸요

대화 Dialogue

1 〈보기〉에서 알맞은 표현을 골라 일기예보를 완성하십시오.

보기	영향권	강수량	날이 개다	후텁지근하다
	열대야	기승을 부리다	잠을 설치다	한창

1) 오늘부터 서울은 태풍의 _____ 에 들겠습니다. 강한 바람에 창문 등의 시설이 부서지지 않도록 주의해 주시고 가능하면 외출을 자제해 주시기 바랍니다.

2) 오늘 밤도 _____입니다. 지난주부터 30도가 넘는 여름밤이 이어지고 있는데요. 계속되는 더위로 _____ 분들이 많을 겁니다. 시민들은 조금이라도 시원한 잠자리를 찾아서 한강으로 나와 텐트를 치고 잠을 청하는 모습인데요. 더운 여름 건강을 잃지 않도록 관리 잘 하셔야겠습니다.

3) 작년 겨울 진짜 추우셨죠? 올해도 작년 못지않게 추위가 _____ 것으로 보입니다. 내복을 입고 목도리와 장갑을 하면 체감온도가 2~3도는 올라간다고 하니까요. 추운 겨울 따뜻하게 보낼 수 있게 미리 준비하시기 바랍니다.

4) 장마가 일주일째 계속되고 있는데요. 이번 주말 드디어 _____다고 합니다. 나들이 가기에도, 그 동안 못하셨던 빨래하기에도 좋은 날씨가 될 예정입니다.

5) 하루 종일 습도도 높고 기온도 높은 _____ 날씨가 계속되고 있습니다. 내일 오후 비가 내리면서 좀 시원해지겠는데요. 내일 _____은/는 서울은 50mm, 부산은 80mm 정도가 되겠습니다.

6) 예년보다 따뜻한 11월, 전국의 산에는 단풍이 _____입니다. 다음 주 갑자기 기온이 떨어지며 비가 내릴 예정이라고 하니까 아직 단풍놀이 못 가신 분들은 이번 주말에 꼭 다녀오시기 바랍니다.

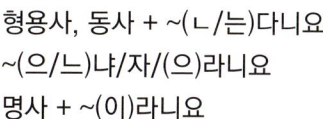

형용사, 동사 + ~(ㄴ/는)다니요
~(으/느)냐/자/(으)라니요
명사 + ~(이)라니요

1 〈보기〉와 같이 '~(ㄴ/는)다니(요)'를 사용해서 대화를 완성하십시오.

> **보기**
> 가 : 오늘은 그만하고 쉽시다.
> 나 : **그만하자니요**. 할 일이 태산인데요.
> **그만하고 쉬자니요**. 아직 할 일이 얼마나 많은데요.

1) 가 : 그 손님은 요즘 잘 안 오네요.

　나 : ＿＿＿＿＿＿＿＿＿＿＿＿＿＿. 어제도 오셨고 좀 전에도 왔다 가셨는데요.

2) 가 : 아직 고등학생 같은데 이런 데 오면 안 되죠. 나가 주세요.

　나 : ＿＿＿＿＿＿＿＿＿＿＿＿＿＿. 저 서른 살이거든요.

3) 가 : 이 옷·여기서 지난달에 산 건데 반품 좀 해 주세요.

　나 : ＿＿＿＿＿＿＿＿＿＿＿＿＿＿. 그건 곤란합니다, 손님.

4) 가 : 요즘 날씨도 따뜻한데 놀러 갈까요?

　나 : ＿＿＿＿＿＿＿＿＿＿＿＿＿＿. 오늘부터 낮 기온이 영하라고 하던데요.

5) 가 : 우리 딱 한 잔만 더 하러 가자.

　나 : ＿＿＿＿＿＿＿＿＿＿＿＿＿＿. 한 잔만 한 잔만 하면서 벌써 3차거든!

6) 가 : 아까 준 보고서는 다 끝냈어요?

　나 : ＿＿＿＿＿＿＿＿＿＿＿＿＿＿. 보고서를 전달해 주신 지 1시간도 안 됐잖아요.

7) 가 : 제가 맛있는 거 살게요. 고기 잘 드세요?

　나 : ＿＿＿＿＿＿＿＿＿＿＿＿＿＿. 제가 작년부터 채식한다고 고기는 절대 안 먹는다고 몇 번
　　　이나 말했잖아요.

8) 가 : 이번 달은 실적이 지난달보다는 괜찮은 것 같아요.

　나 : ＿＿＿＿＿＿＿＿＿＿＿＿＿＿. 오히려 20%나 떨어져서 정리해고를 한다던데요.

9) 가 : 외동아들이면 외로울 텐데…… 둘째도 얼른 낳아야지.

　나 : ＿＿＿＿＿＿＿＿＿＿＿＿＿＿. 아들 하나 키우는 일도 이렇게 힘든데요.

10) 가 : 어제 경기에서 A팀이 우승을 했대요.

　나 : 어머나! 만년 꼴찌였던 팀인데 ＿＿＿＿＿＿＿＿＿＿＿＿＿＿.

 **문형연습** Pattern Practice

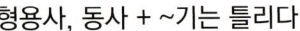

형용사, 동사 + ~기는 틀리다

1 〈보기〉와 같이 '~기는 틀리다'를 사용해서 대화를 완성하십시오.

> **보기**
> 가 : 올해는 내 집 장만 하셔야죠?
> 나 : 요즘 경기가 너무 안 좋아서 올해도 **집 사기는 틀렸어요.**

1) 가 : 시험 잘 쳤어요?

   나 : 아니요, 너무 어려워서 반도 못 풀었어요. _____.

2) 가 : 어제 면접 보셨다면서요? 잘 하셨어요?

   나 : 아니요, 긴장하는 바람에 실수를 많이 해서 _____

3) 가 : 다음 주말에 가까운 데로 놀러 가자!

   나 : 나도 그러고 싶은데 _____.

4) 가 : 어제 소개팅은 재미있었어?

   나 : 아니, 이번에도 _____. 나랑 관심사가 너무 달라서 말이 하나도 안 통하더라고.

5) 가 : 어제 경기 봤어요? 잠도 안 자고 기다렸는데 결과가 너무 나빴죠.

   나 : 그러게요. 이번에도 _____.

6) 가 : 너 이벤트 당첨돼서 차 받는다면서? 이번 기회에 차 바꾸는 거야?

   나 : 바꾸기는. 당첨은 됐는데 세금을 내가 내야 된대. 근데 세금이 천만 원이야. 당장 통장에 백만 원도 없는데.

   가 : 아이고! _____.

2 날씨를 보고 어떤 일을 하기 힘들 것 같은지 '~기는 틀리다'를 사용해서 쓰십시오.

> [보기] 지난주에는 황사와 미세먼지가 심했는데요. 내일도 서울·경기 지역에 황사가 심할 것으로
> 예상됩니다.
> → 요즘 황사 때문에 항상 하늘이 뿌옇더니 내일도 **맑기는 틀렸네요**.
> → 내일 날씨가 좋으면 산에 가려고 했는데 **나들이 가기는 틀렸네요**.

1) 장마전선이 일주일 넘게 중부지방에 머물러 있습니다. 오늘 저녁부터 전국이 태풍의 영향권에
   들어 내일은 전국적으로 많은 양의 비가 내리겠습니다. 이번 태풍은 큰 피해가 우려되는 만큼,
   산행이나 해수욕 등의 야외활동을 계획하셨던 분들은 자제해 주시기 바랍니다.

   → _____ .

   → _____ .

2) 오늘의 날씨입니다. 후텁지근한 날씨 때문에 불쾌지수가 높습니다. 오늘 밤에도 열대야 현상이
   심할 것으로 예상됩니다.

   → _____ .

   → _____ .

3) 폭설이 밤새 계속되고 있습니다. 내일 아침 출근길에 사고가 예상됩니다. 안전 운전 하십시오.

   → _____ .

   → _____ .

4) 한 달째 계속되는 가뭄으로 강원도 지역에 제한 급수가 시작되었습니다. 농민들의 얼굴에 근심
   이 가득합니다.

   → _____ .

   → _____ .

문형연습 Pattern Practice

형용사, 동사 + ~(으)ㄴ/는걸요
명사 + ~인걸요

1 〈보기〉에 있는 단어와 '~(으)ㄴ/는걸요'를 사용해서 문장을 완성하십시오.

보기	찜통더위	쌀쌀해지다	후텁지근하다	포근하다

1) 비가 오고 나서 날씨가 더 _____. 반팔은 이제 못 입겠네요.

2) 장마가 지나가고 나니까 진짜 _____. 해수욕이라도 하러 가야지 더워서 못 살 겠어요.

3) 3월이 되니까 확실히 날씨가 많이 _____. 나들이 가기 딱 좋은 날씨예요.

4) 오늘도 어제 못지않은 _____. 너무 덥네요.

2 '~(으)ㄴ/는걸요'를 사용해서 대화를 완성하십시오.

1) 가 : 어제 친구 만나러 갔죠?

　　나 : 아니요, 빌린 책 반납하러 도서관에 _____.

2) 가 : 이제 이해되니? 좀 알 것 같지?

　　나 : 아니. 오히려 아까보다 더 _____.

3) 가 : 이거 보기보다 안 맵군요. 그렇죠?

　　나 : 그래요? 저한테는 좀 _____.

4) 가 : 내일까지 그 일을 다 끝낼 수 있겠죠?

　　나 : 글쎄요. 내일까지 끝내기에는 일이 너무 _____.

5) 가 : 매일 집안일 하시느라 정말 힘드시겠어요.

　　나 : 아니에요. 아이들이 많이 도와주기 때문에 _____.

1 〈보기〉에서 알맞은 단어를 골라 일기예보를 완성하십시오.

보기	차림	안팎	유의하다	분포
	웃돌다	다소	각별히	

출근길 패딩 점퍼나 겨울 코트 1) _____의 직장인들이 눈이 띕니다. 마스크를 쓰고 목도리까지 칭칭 두른 사람도 있습니다. 오늘 전국의 아침 기온이 영하 1도 2) _____까지 뚝 떨어졌습니다. 오늘 서울의 최저 기온은 영하 1도, 부산은 2도, 대전은 0도로 어제보다 5도 이상 떨어졌습니다. 다행히 낮이 되면 서울은 14도, 부산은 18도를 3) _____(으)면서 포근한 날씨가 되겠습니다. 이렇게 일교차가 심한 날씨가 계속되면 감기에 걸리기 쉬우니 건강 관리에 4) _____ 신경 쓰셔야겠습니다. 내일도 전국의 최저 기온은 −2~1도, 최고 기온은 13~16도의 5) _____(으)로 아침에는 6) _____ 춥고 낮에는 따뜻해서 일교차가 심한 날씨가 계속되겠습니다. 다음 주부터는 아침 최저 기온이 영하 10도까지 떨어지는 곳도 있으니 시설물이 얼거나 망가지지 않도록 7) _____(으)십시오.

2 오늘의 날씨를 찾아보고 아래의 표와 지도에 정리하십시오.

〈지역 : 〉	
날씨	
최저 기온/최고 기온	
지수(자외선, 미세먼지, 오존, 황사 등)	
습도	
생활 정보	

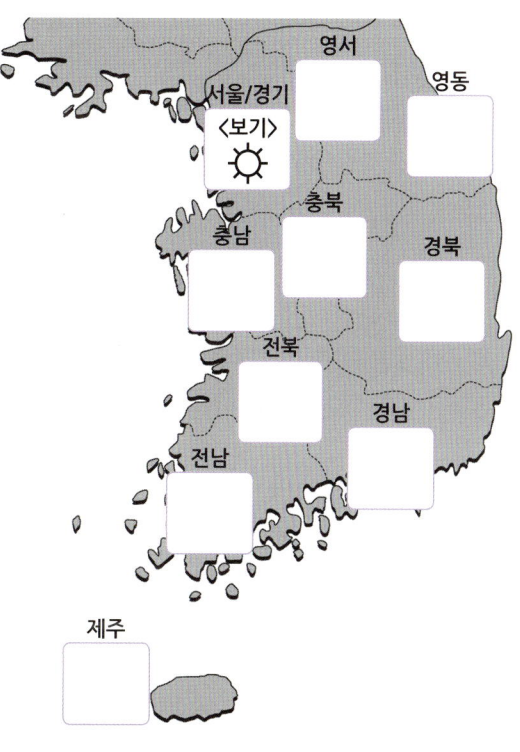

1 〈보기〉에서 알맞은 표현을 골라 문장을 완성하십시오.

보기	흥미롭다	튀다	이익을 보다	신규 가입
	진열하다	연상 작용	평년	대비

1) 한국관광공사 조사 결과 지난 10월 한국을 방문한 관광객은 작년 _____ 5% 증가한 138만 3704명을 기록했다.

2) 계산대 앞 공간에 상품을 _____(으)면 고객이 계산을 기다리는 시간에 구매를 할 수 있게 하는 효과가 있다.

3) 옷에 커피가 한두 방울 정도 _____ 때 탄산수나 식초로 살살 문질러 주면 금방 없어진대요.

4) 가 : 오늘부터 OO통신에서 _____ 하는 고객들에게 최신 휴대폰을 공짜로 준대요.

　　나 : 와! 진짜요? 그런데 가입비도 내야 하고 원래 사용하던 통신사에 계약 해지 수수료도 내야 하잖아요. 그 돈이 휴대폰 값이랑 똑같을 것 같은데요.

5) 가 : 올해 빼빼로 데이랑 수능이 겹쳐서 초콜릿, 빼빼로, 사탕과 같은 제품의 판매량이 _____ 보다 50%나 증가했대요.

　　나 : 와! 과자 회사들이 엄청난 _____ 겠는데요!

6) 요즘 책을 원작으로 한 영화들이 많은데요, 영화를 보고 그 다음에 원작인 책을 읽는 게 좋다고 하네요. 책을 먼저 읽으면 마음속으로 상상했던 장면이나 인물이 차이가 나기 마련이라 혼란이 온대요. 하지만 영화를 먼저 보고 책을 읽으면 이미 우리 뇌 속에 남아 있는 영화 속의 장면이 책의 글자를 통해 _____을/를 일으켜 더욱 재미있다고 느끼게 된대요.

7) 2005년 프랑스 파리에서 창립해 현재 전 세계 여러 국가에 18개 언어로 동영상을 공급하고 있는 D사가 한국 시장에 진출하기로 했다. D사 대표는 "한국은 창의적이고 _____ 콘텐츠가 정말 많습니다." 라며 한국 진출 이유를 설명했다. 지난해 기준 매달 1억 2800만 명이 D사의 홈페이지를 방문한 것으로 알려졌다.

장마철이 시작되면 외출하기 꺼려지고 방 안에서 축 처져 있기 십상이다. 하지만 비가 온다고 장마철 내내 집에만 있을 수도 없는 노릇이다. 그렇다면 쏟아지는 비를 피해 마음껏 여가를 즐길 만한 장소로는 어떤 곳들이 있을까?

① **영화관에서 문화를 즐기자!**
비 오는 날 영화관을 찾아 보자. L시네마는 비오는 날 방문하는 고객들을 대상으로 멤버십 포인트 2000점으로 우산을 교환해 주는 이벤트를 진행하고 있다. 이후 이 우산을 가지고 와 영화 관람권을 구입하는 고객에게는 1인당 2천 원의 할인 혜택도 준다.

② **풀 향기 가득한 수목원으로 떠나자!**
서울 하면 도시의 이미지가 강하지만 의외로 도심에서 한 시간 정도 거리에 자연을 느낄 수 있는 곳이 많다. 그중 대표적인 장소가 경기도 가평군에 있는 아침고요수목원인데 지하철 경춘선 청평역에서 가까워 당일치기 여행으로도 좋은 곳이다. '비누 만들기', '들꽃 목걸이 만들기' 등 체험 활동도 할 수 있다.

③ **찜질방에서 해독하자!**
비가 오면 팔다리가 쑤시고 몸이 찌뿌듯한 것 같다면 찜질방에서 몸 속 독소를 제거해 보자. 깨끗하게 씻은 후에 찐 계란과 시원한 식혜를 먹으며 수다를 떨면 그간 쌓였던 스트레스는 바로 안녕이다.

④ **한강 교량 전망 쉼터에서 도란도란 데이트!**
양화대교, 한강대교, 동작대교 등 한강 다리 위에 만들어진 한강 교량 전망 쉼터는 모두 열 곳. 비 오는 날 향기로운 커피 한 잔에 유리창에 부딪히는 빗소리를 들으며 한강의 야경을 감상한다면 이보다 더 로맨틱할 수는 없다!

1 다음 중 맞는 것에 O, 틀린 것에 X 하십시오.

1) L시네마에서는 영화관에서 교환한 우산을 가지고 오면 영화표를 할인해 준다. (O, X)

2) 아침고요수목원은 지하철 경춘선을 이용해 방문할 수 있다. (O, X)

3) 한강 교량 전망 쉼터는 한강 다리 아래에 위치해 있다. (O, X)

2 비 오는 날 갈 만한 장소로 추천하고 싶은 곳이 있습니까? 소개해 주십시오.

_____

_____

_____

1 다음 중 맞는 것에 O 하십시오. 빈칸에는 '~(ㄴ/는)다니(요)', '~기는 틀리다', '~(으)ㄴ/는걸요' 중 알맞은 문법을 사용해서 대화를 완성하십시오.

가 : 날씨가 **맑네요. / (흐리네요.)** 비가 올 것 같아요.

나 : 네, 오늘 저녁부터 비가 온다고 했어요. 우산 가지고 왔어요?

가 : 아니요, 아침에 너무 바빠서 눈도 제대로 못 뜨고 1) _____.

　　벌써 2) **장마 / 가뭄**인가 봐요. 요즘 자주 비가 오네요.

나 : 그러게 말이에요. 저도 아침에 너무 피곤했어요. 요즘 야근도 많고 날씨도 안 좋고 정말 기운이 하나도 없어요.

가 : 맞아요. 오늘도 너무 덥죠?

나 : 오늘 낮 3) **최고 기온 / 최저 기온**이 34도래요.

가 : 아, 정말 힘드네요. 어서 가을이 와서 날씨가 4) **포근해졌으면 / 선선해졌으면** 좋겠어요. 이틀 걸러 하루는 비가 오고, 아니면 너무 덥고…… 날씨도 매일 5) **화창한데 / 변덕스러운데** 집에서 잠이나 잤으면 좋겠어요.

나 : 집에서 6) _____. 할 일이 산더미인데요. 오늘도 부장님이 야근하자고 할 것 같은데요.

가 : 진짜요? 이게 무슨 7) **가랑비에 옷 젖는 줄 모른다 / 마른하늘에 날벼락**!

　　이번 주 내내 야근해서 오늘은 일찍 퇴근할 수 있을 줄 알았는데…….

　　아이고, 오늘도 일찍 8) _____.

나 : 점심이라도 맛있는 거 먹으러 갑시다! 9) **이열치열 / 삼한사온**이라고 오늘 점심은 삼계탕 어때요?

가 : 삼계탕 좋죠! 갑시다!

모범 답안

UNIT 01 문화의 다양성

대화

1.
1) 젊음을
2) 불길하다
3) 푸른색이라고
4) 고개를 저었어요, 고개를 끄덕여요
5) 몸짓으로만
6) 일반적인
7) 문화권

문형연습

명사 + ~에 의하면

1.
1) ㉫ : OO 백화점 광고에 의하면 다음 주부터 봄 정기 세일이 시작된다고 한다
2) ㉯ : 경찰 자료에 의하면 청소년 범죄가 5% 증가했다고 한다
3) ㉰ : 정부 발표에 의하면 올봄에 물가가 안정될 것이라고 한다
4) ㉲ : 부장님의 말씀에 의하면 다음 달부터 임금이 인상될 것이라고 한다

2.
1) 제 친구가 다이어트에 있어서 거의 전문가인데, 그 친구 말에 의하면 바나나 식초가 뱃살을 빼는 데에 효과적이래요. 한번 먹어 보는 게 어때요?
2) 한 설문조사에 의하면 대부분의 사람들이 자기 전에 TV를 보거나 스마트폰을 하기 때문에 숙면에 방해를 받는대요. 자기 전에는 전자 기기를 멀리하는 습관을 들여 보세요.
3) 자유 응답

형용사, 동사 + ~(으)ㄴ/는 반면(에) 명사 + ~인 반면(에)

1.
1) ㉰ : 형은 성적이 반에서 1등인 반면에 운동 실력은 꼴찌이다.
2) ㉲ : 마이클 씨는 읽기를 못하는 반면 말하기를 잘한다.
3) ㉠ : 그 회사는 월급을 많이 주는 반면 늦게까지 일을 시킨다.

2.
1) 의류 업계의 매출은 증가한 반면에
2) 한국인의 해외여행은 감소한 반면에
3) 자유 응답

3.
1) C커피숍은 고급 원두를 사용해서인지 가격이 비싼 반면에 T커피숍은 보통 원두를 사용하고 가격이 저렴하네요.
2) T커피숍과 P커피숍은 역에서 별로 멀지 않은 반면 C커피숍은 역에서 15분 정도 걸어가야 하니 좀 멀어요.
3) T커피숍은 자리가 좁은 반면에 가격도 싸고 토스트도 파니까 좋네요.

형용사, 동사 + ~기 마련이다

1.
1) 돈을 벌 기회도 많기 마련이다
2) 고향이 그립기 마련이다
3) 경제가 좋아지기 마련이다
4) 벌을 받기 마련이다
5) 언젠가는 성공하기 마련이다
6) 부모 곁을 떠나기 마련이다
7) 영어를 잘하게 되기 마련이다
8) 마음도 약해지기 마련이다
9) 지식이 늘기 마련이다
10) 밝혀지기 마련이다

2. 자유 응답

읽기

1.
1) 엄지
2) 중지
3) 약지

2.
1) ㉯
2) ㉰
3) ㉲
4) ㉠
5) ㉱
6) ㉭

3.
1) 수단이
2) 추측
3) 산악인이라고
4) 인종
5) 실화로
6) 승리를
7) 스파이가, 평화
8) 의사소통이

읽어 봅시다

1. 자유 응답

2.
가. 2) 째려보다

나. 5) 다리를 꼬고 앉다
다. 1) 허리를 굽히다
라. 4) 손으로 턱을 괴다
마. 3) 팔짱을 끼다
바. 6) 무릎을 꿇다

종합연습

1.
1) 사용하는 반면(에)
2) 특이한
3) 나기 마련이다
4) 때로는
5) 풍부하게

2.
1) ④
2) ③

UNIT 02 언어생활

대화

1) 외래어가
2) 부쩍
3) 한층
4) 웰빙
5) 얼짱
6) 문법이, 어휘가
7) 유행어를, 세대
8) 자신감을

문형연습

동사 + ~다(가) 보니(까)

1.
1) 빨래도 잘하고 청소도 잘하게 됐어요
2) 음식 맛에 예민해졌어요
3) 친구가 많아졌어요
4) 같은 뮤지컬을 10번이나 관람한 적도 있어요
5) 한국어를 잘하게 됐어요
6) 이해가 됐어요
7) 돈 씀씀이가 커졌어요
8) 친해졌어요
9) 업무에 너무 익숙해져서 가끔 지루해요

2.
1) 처음엔 매워서 좀 힘들었는데 먹다 보니까 익숙해져서 좋아하
게 됐어요

2) 여러 나라를 돌아다니다가 보니까 자연스럽게 알게 됐어요
3) 처음엔 불편했는데 계속 입다가 보니까 익숙해졌어요
4) 처음엔 힘들었는데 계속 하다 보니까 괜찮아졌어요
5) 요리를 좋아해서 많이 만들다 보니 잘하게 됐어요

명사 + ~(이)라든지 명사 + 같은/같이

1.
1) 파리라든지 홍콩
2) 마라톤이라든지 수영
3) 회라든지 낙지볶음 같은 해산물 요리가 유명해요
4) 스마트폰이라든지 노트북 같은 것이 있죠
5) 인삼이라든지 영양제 같은 선물이 좋을 것 같네요
6) 네. 소설이라든지 시 같은 장르를 좋아해요
7) 하와이라든지 괌 같은 곳에 많이 가는 것 같던데요

명사 + ~(으)로 인해(서)

1.
1) ㉮ : 지진으로 인해 건물과 도로가 파괴되었다
2) ㉯ : 시위로 인해 교통이 통제되고 있는 곳이 많다
3) ㉰ : 이번 화재로 인해 공장이 불에 타서 재산 피해가 30억 원
을 넘었다
4) ㉳ : 운전자의 부주의로 인해서 교통사고가 빈번히 발생하고
있다
5) ㉱ : 장마로 인해 홍수가 났다
6) ㉲ : 배기가스로 인해서 환경오염이 심각하다

2.
1) 바이러스로 인해
2) 춘곤증으로 인해
3) 스트레스로 인해
4) 독감으로 인해
5) 증가로 인해
6) 잘못된 식습관으로 인해
7) 서양과의 교류로 인해
8) 기름 유출로 인해
9) 음주운전으로 인해
10) 소음으로 인해

3.
1) 점점 심각해지는 취업난으로 인해 연애와 결혼, 출산은 물론
다른 중요한 삶의 가치까지 포기하는 젊은이들이 늘고 있다.
2) 복잡한 도시를 벗어나서 자연과 함께 살고 싶다는 생각으로
인해 귀농, 귀촌이 활발해지고 있다.
3) 터무니없이 비싼 결혼식 비용으로 인해 스스로 결혼식을 준비
해서 비용을 아끼려는 셀프 웨딩족이나 소박하고 작은 결혼식
을 올리는 커플이 늘고 있다.

듣기 1

1.
1) 세계화
2) 공통된
3) 네티즌
4) 무분별하게, 훼손되고
5) 간판이
6) 급증해서
7) 분류
8) 고유어라고

듣기 2

1.
1) 실시한, 절반이
2) 욕설을, 교육을 받아야
3) 를 중심으로
4) 수준이
5) 심각한

읽어 봅시다

1.
1) ㉹
2) ㉺
3) ㉸
4) ㉵
5) ㉮
6) ㉯
7) ㉰
8) ㉳

2. 자유 응답

종합연습

1.
1) 분류하면
2) 고유어와
3) 외래어
4) 외국어
5) 간판을
6) 세계화
7) 으로 인해

2. ②

UNIT 03 경제

대화

1) 경기가
2) 주식을, 펀드, 수익성이
3) 재산이, 투자를
4) 차근차근
5) 안정성을
6) 전문가예요

문형연습

> 형용사, 동사 + ~(으)ㄴ/는 것만 못하다
> 명사 + ~만 못하다

1.
1) 어떤 일을 하다가 중간에 그만두면 아예 안 한 것보다 못하다
   는 뜻으로 일을 시작했으면 끝까지 포기하지 말고 하라는 뜻
2) 너무 과한 것은 오히려 조금 모자란 것보다 나쁘다는 뜻
3) 멀리 사는 친척이나 가족보다 가까운 곳에 사는 친구가 더 도
   움이 된다는 뜻
4) 재산이 많은 것보다는 기술이 있는 것이 낫다는 뜻
5) 간접 경험보다는 직접 경험하는 것이 효과적이라는 뜻
6) 아들, 딸보다는 남편, 아내가 더 좋다는 뜻

2.
1) 예전만 못해요
2) 1편만 못해요
3) 고백 안 한 것만 못해요
4) 손으로 쓰는 것만 못해요

> 형용사 + ~(으)ㄴ 법이다
> 동사 + ~는 법이다
> 명사 + ~인 법이다

1.
1) ㉮ : 항상 웃으면 예뻐 보이는 법이다
2) ㉯ : 죄를 지으면 감옥에 가는 법이다
3) ㉱ : 나이가 어릴수록 학습 속도가 빠른 법이다
4) ㉲ : 말을 한번 뱉으면 다시 담기 어려운 법이다
5) ㉰ : 좋은 말도 듣는 사람이 싫으면 잔소리인 법이다

2. ②

> 형용사, 동사 + ~다가는

1.
1) 내리다가는
2) 전화하다가는
3) 심하다가는
4) 서둘다가는

2.
1) 조만간 빈털터리가 될 거예요
2) 체할 거예요

3) 나중에 취직하기 더 힘들어질 거예요
4) 농작물이 다 말라 죽을 거예요
5) 잘 시간도 없어질 거예요

3.
1) 이렇게 집값이 오르다가는 서울에서 내 집 마련하는 일은 하늘의 별 따기가 되겠어요
2) 한 끼만 먹고 운동하다가는 영양실조로 쓰러질 거예요
3) 청소년의 역사 인식 부족이 이처럼 심각해지다가는 우리 역사에 대한 자긍심마저 사라지게 될지도 몰라요
4) 지금처럼 1인 가구가 늘다가는 고독사나 인구 부족 같은 사회 문제도 점점 심각해질 거예요

읽기

1.

식비	쌀값, 반찬값
교통비	주유비, 지하철 요금
여가생활비	영화 관람료, 놀이공원 입장료
교육비	등록금, 학원비
경조사비	축의금
의료비	약값, 병원비
주거비	월세, 아파트 관리비
세금	자동차세, 국민건강보험, 공과금
저축, 보험	적금, 자동차 보험료

2.
1) ㉵
2) ㉮
3) ㉴
4) ㉶
5) ㉯
6) ㉳
7) ㉲
8) ㉱
9) ㉰

3.
1) 대출을, 담보로
2) 신뢰도가
3) 지참금, 제도
4) 학자금을, 창업을
5) 약관을
6) 제시한
7) 사채업자라고, 시달리는
8) 회수율이

읽어 봅시다

1.
1) 빈익빈 부익부
2) 자유 응답

2.
1) ④
2) ①
3) 자유 응답

종합연습

1.
1) 이자가
2) 가다가는
3) 주식을
4) 안정성이
5) 수익성이 낮은 법이에요

2. ②

3. ③

UNIT 04 외국어 교육

대화

1) 꾸준한
2) 유리할, 실력이
3) 아시다시피
4) 창피해서
5) 부끄러움을 타는
6) 차이가

문형연습

형용사, 동사 + ~(으)ㄹ 리가 있다/없다
명사 + ~일 리가 있다/없다

1.
1) 모를 리가 있어요
2) 잊을 리가 없어
3) 동생일 리가 없어요
4) 실패할 리가 없어
5) 과장님이 그랬을 리가 없어요
6) 거짓말 했을 리가 있어요
7) 나올 리가 없어요
8) 잊어버릴 리가 있어요

2.
1) 정말요? 이상하다. 도난 카드일 리가 없는데…….
2) OO 씨가 그럴 리가 없어. 우리가 얼마나 친한 사이인데.

3) 제가 그런 이벤트에 당첨됐을 리가 없는데요. 응모한 적도 없거든요.
4) 브라이언 씨가 바람을 피울 리가 없어요.
5) 바르기만 하면 살이 빠진다고요? 그런 약이 있을 리가 있어요?
6) 가격이 3000원밖에 안 될 리가 있어요? 아마 맛이 없을 거예요.

형용사 + ~(으)냐에 따라서
동사 + ~느냐에 따라서
명사 + ~(이)냐에 따라서

1.
1) ㉒ : 왜 한국어를 배우느냐에 따라서 선택하는 교재가 달라진다
2) ㉔ : 얼마나 좋은 상품을 개발하느냐에 따라서 돈을 벌 수도 있고 파산할 수도 있다
3) ㉓ : 어떤 친구를 만나느냐에 따라서 인생이 바뀔 수도 있다
4) ㉕ : 외국어를 잘하느냐 못하느냐에 따라서 선택할 수 있는 직업이 달라진다

2.
1) 넓으냐 좁으냐에 따라서
2) 어떻게 결정하느냐에 따라
3) 업무 능력이 얼마나 좋으냐에 따라서
4) 어떤 지역이냐에 따라

동사 + ~(으)려거든

1.
1) ㉔ : 성공하려거든 모든 일에 정성을 기울이세요.
2) ㉓ : 좋은 글을 쓰려거든 독서를 많이 해야 한다.
3) ㉒ : 사장님과 면담을 하려거든 미리 약속을 해야 한다.

2.
1) 투잡(two job)을 뛰려거든 시간을 잘 분배해서 활용해야 해요.
2) 4개 국어를 구사하려거든 명언을 언어별로 알려 주는 앱(app)을 이용해서 공부해 보세요.
3) 남보다 앞서가려거든 100배 더 노력해야 해요.
4) 한자를 잘 외우려거든 많이 읽고 쓰기를 반복하는 방법밖에는 없는 것 같아요.
5) 전원주택을 지으려거든 집을 지을 토지부터 잘 골라야 해요.

듣기 1
1) 받아쓰기 / 받아쓰기
2) 통째로 / 통째로
3) 위대하다 / 위대한
4) 유창하다 / 유창하다
5) 모범생 / 모범생이라서
6) 찌푸리다 / 찌푸렸다
7) 향상되다 / 향상되었다

듣기 2

1.
1) 찬
2) 반
3) 찬
4) 찬
5) 반
6) 반

2.
1) 논란이
2) 일리가 있지만
3) 연상됩니까
4) 모국어 화자와
5) 습득하는, 논리적이기 때문에

읽어 봅시다
1) 영어 공부만을 위한 조기 유학은 의미 없다고 생각하기 때문이다.
2) 언어 하나 때문에 아이가 가족과 떨어져 산다면 그 아이가 행복하게 성장하기 어렵다.
3) 1년 학비가 일반적인 중국 직장인 연봉의 5배 이상이다.
4) 자유 응답

종합연습

1.
1) 구사할
2) 하려거든
3) 동의할
4) 모국어
5) 일리가 있습니다
6) 유리하
7) 접하느냐에 따라서
8) 사춘기

2.
1) ④
2) ②
3) ②
4) ③

UNIT 05 명절

대화
1) 경로사상을
2) 차례를 지낸다
3) 허비하는
4) 조상을
5) 넉넉한

6) 역귀성이
7) 덕담이
8) 쇠세요

문형연습

동사 + ~기로는

1.
1) 듣기로는
2) 말씀하시기로는
3) 배우기로는
4) 보기로는
5) 읽기로는

2.
1) 제가 알기로는 화분을 선물하면 병원에 오래 있게 된다고 생각하기 때문이래요
2) 인터넷에서 찾아보기로는 도자기 인형을 찾는 사람에게는 1년 내내 행운이 온다고 생각하기 때문이래요
3) 홍콩 친구에게 듣기로는 홍콩에서 빨간색은 축하의 의미가 있대요

동사 + ~기(가) 무섭게

1.
1) 끝나기(가) 무섭게
2) 도착하기(가) 무섭게
3) 꺼내기(가) 무섭게
4) 받기(가) 무섭게
5) 술을 따르기(가) 무섭게
6) 열기(가) 무섭게
7) 얘기하기(가) 무섭게

어차피 + ~(으)니까

1.
1) 어차피 후회해도 늦었으니까
2) 어차피 기차는 못 탈 거니까
3) 어차피 버리려고 했으니까 신경 쓰지 마세요
4) 어차피 빨아야 할 옷이었으니까 괜찮아요
5) 어차피 안 입을 거니까 기부하면 보람도 있고 좋잖아
6) 어차피 다음 주부터 휴가니까
7) 어차피 끝난 일이니까

읽기

1.
1) ㉯ – b
2) ㉮ – c
3) ㉱ – a

4) ㉰ – f
5) ㉲ – e
6) ㉳ – d

2.
1) 그네뛰기
2) 씨름
3) 제기차기
4) 강강술래
5) 윷놀이
6) 줄다리기

3.
1) 중시하는
2) 성묘란
3) 기원하는
4) 세었지만/셌지만
5) 곡식이
6) 축소되었다
7) 핵가족이
8) 풍년이라

읽어 봅시다

1.
1) ③
2) 두 개 이상의 말이 같이 가는 것
3) 윷이나 모가 나왔을 때, 다른 팀의 말을 잡았을 때
4) 자유 응답
5) 자유 응답

종합연습

1) 쑥, 마늘
2) 음식을 보기가 무섭게 다 먹어 치워 버릴 때 쓴다.
3) 물건을 만들기가 무섭게 다 팔려 버린다.
4) 자유 응답
5) 설빔
6) 금줄은 아이가 태어난 집 입구에 거는 줄인데 나쁜 귀신 등이 집에 들어오지 못하게 금지한다는 의미가 있다.
7) 죽부인
8) 복조리
9) 자유 응답
10) 자유 응답
11) 자유 응답
12) 조상의 무덤에 찾아가 깨끗하게 정리하고 인사 드리는 것으로 주로 추석에 한다.
13) 만두 등을 찌는 찜통에 들어가 있는 것처럼 덥다.
14) 음력 1월 15일 정월대보름
15) 동지에 먹고 나쁜 귀신을 쫓는 의미가 있다.
16) 송편
17) 자유 응답

18) 추석에 하는 민속놀이 중 하나로 여러 사람이 손을 잡고 원을 그리면서 빙빙 도는 춤

19) 명절에 시골에 계시는 부모님이 도시에 있는 자녀를 보러 오시는 것이다.

20) 자유 응답

21) 제사는 보통 조상이 돌아가신 날에 조상을 생각하며 지내는 것으로 늦은 밤이나 자정쯤에 지내고, 차례는 제사와 비슷하지만 보통 명절 아침에 지낸다.

UNIT 06 환경

대화

1) 외양간
2) 대기오염이
3) 워낙, 그만이에요
4) 매력에 빠질
5) 배기가스, 대책을
6) 주범

문형연습

형용사, 동사 + ~아/어서 그런지
명사 + ~(이)라서 그런지

1.

1) ㉤ : 똑똑해서 그런지 한 번 들으면 금방 이해한다
2) ㉺ : 날씨가 덥지 않아서 그런지 여름인데도 아이스크림이 잘 안 팔린다
3) ㉴ : 어제 무리를 해서 그런지 자꾸 졸린다
4) ㉵ : 얼굴에 화장기가 없어서 그런지 나이보다 훨씬 어려 보인다
5) ㉳ : 날씨가 따뜻해져서 그런지 식곤증이 너무 심해서 죽을 지경이다

2.

1) 디자인이 독특해서 그런지
2) 막내라서 그런지
3) 손님이 없어서 그런지
4) 졸업식이 많은 철이라서 그런지
5) 못 자서 그런지
6) 축제라서 그런지
7) 귀찮아서 그런지
8) 평일이라서 그런지

형용사, 동사 + ~(으)ㄴ/는 탓에
명사 + ~탓에

1.

1) X – 따뜻해서
2) X – 부자인 덕분이야.
3) O

4) O
5) X – 연습한 덕분에
6) O
7) X – 싸서
8) O

2.

1) 온 탓에
2) 불경기 탓이다
3) 잃어버린 탓에
4) 논 탓에
5) 운 탓에
6) 서로의 입장만 이야기하는 탓에
7) 맵고 짠 음식을 많이 먹는 탓에
8) 갑자기 부상을 입은 탓에

형용사, 동사 + ~았/었더라면
명사 + ~이었/였더라면

1.

1) ㉳ : 요리를 미리 배웠더라면 멋진 파티 음식을 만들 수 있었을 텐데…….
2) ㉴ : 평소에 체력을 길렀더라면 한 시간 이상 뛸 수 있었을 텐데…….
3) ㉷ : 평소에 양치질을 잘 했더라면 치과에 안 가도 괜찮았을 텐데…….
4) ㉵ : 꾸준히 돈을 모았더라면 사고 싶은 것을 마음대로 살 수 있었을 텐데…….
5) ㉲ : 어젯밤에 조금이라도 공부했더라면 시험에서 빵점을 받지 않았을 텐데…….
6) ㉶ : 낮에 열심히 일했더라면 저녁에 야근할 필요가 없었을 텐데…….

2.

1) 갔더라면
2) 일찍 출발했더라면
3) 우산을 챙겼더라면
4) 세일하는 걸 알았더라면
5) 교통편을 알아봤더라면

3. 〈예시〉

고등학생 때 진로 결정에 대해 의견이 서로 안 맞은 탓에 아버지께 크게 대든 적이 있어요. 사춘기라서 그런지 그때는 부모님의 말씀이 모두 잔소리처럼 들렸어요. 그때 제가 조금만 더 참고 대화로 아버지를 설득했더라면 아버지께 상처를 드리지 않았을 텐데, 지금 생각하면 많이 후회가 돼요.

듣기 1

1.
1) 집중호우가
2) 해수면
3) 빙하가
4) 기상이변이
5) 오존층 파괴
6) 프레온가스

1.
1) 화초
2) 손수건
3) 손 건조기
4) 멀티탭

2.
1) ㉯
2) ㉱
3) ㉰
4) ㉣
5) ㉲
6) ㉮

3.
1) 공해가
2) 사소한
3) 서서히
4) 효율성이 좋은
5) 홍보하는

읽어 봅시다
1.
1) X
2) O
3) O
4) O

2. 〈예시〉
유명한 배우이자 회당 몇백억을 받는 톱스타임에도 불구하고, 평소에도 하이브리드 자동차를 타고 집에 태양전지판을 설치하는 등 일상생활에서도 환경 보호를 실천한다는 점이 인상적이었다.

3. 〈예시〉
한국의 여배우 공효진 씨는 일회용 컵 사용을 줄이기 위해 항상 머그잔이나 텀블러를 가지고 다니는 것으로 유명하다. 그뿐만 아니라 환경 보호에 대한 책을 내서 베스트셀러 작가가 되기도 했는데 그 책에는 환경 보호를 위해 생활 속에서 실천할 수 있는 작지만 소중한 습관들이 소개되어 있다.

4. 자유 응답

종합연습
1.
1) 오염돼서 그런지
2) 진행되는 탓에
3) 빙하가
4) 해수면이 상승해서
5) 친환경
6) 절전을
7) 시작했더라면

2.
1) ③ 날사과 → 풋사과
2) ① 되걸음 → 헛걸음
3) ② 생얼굴 → 맨얼굴
4) ④ 미정상 → 비정상
5) ④ 재묻다 → 되묻다

UNIT 07 남녀 차이

대화
1) 사사건건
2) 상한
3) 자상한
4) 섭섭했어요
5) 상대방, 입장
6) 의도로
7) 잦아요
8) 언짢은

문형연습

> 형용사, 동사 + ~(으)ㄹ걸요
> 명사 + ~일걸요

1.
1) 퇴근했을걸요
2) 잡혔을걸
3) 못 올걸요
4) 집에 없을걸요
5) 대출 가능한 시간은 오후 5시까지일걸요

2.
1) 배나 다른 교통수단으로 외국에 가야 하니까 해외여행하는 데 지금보다 돈이 훨씬 많이 들걸요
2) 사용하는 언어가 같으니까 언어의 차이로 인해 서로 오해하는 일이 없어질걸요
3) 2차 세계 대전이 없었다면 세계 제1위의 강대국이 바뀌었을걸

요. / 6·25전쟁이 일어나지 않았다면 한국이 남한과 북한으로 분단되는 일은 없었을걸요

동사 + ~다(가) 보면 📌

1.
1) 놀다 보면 그럴 수도 있죠
2) 하다 보면
3) 살다 보면 자연스럽게 그렇게 돼요
4) 그리다 보면 마음에 드는 그림을 그릴 수 있을 거예요
5) 바쁘게 살다 보면 그럴 수도 있죠
6) 계속 투자하다 보면 언젠가 오를 날도 있겠죠
7) 포기하지 말고 계속 노력하다 보면 좋은 결과가 있을 거예요
8) 몇 번 더 읽다 보면 이해하게 될 거예요

동사 + ~기 십상이다 📌

1.
1) 감기 걸리기 십상이에요
2) 버릇없는 아이가 되기 십상이에요
3) 크게 다치기 십상이다
4) 요리를 망치기 십상이다
5) 목이 자주 쉬기 십상이다
6) 소매치기를 당하기 십상이다
7) 그렇게 서둘러 먹다가는 체하기 십상이에요
8) 그렇게 돈을 낭비하다가는 큰일 나기 십상이에요
9) 동료들에게 미움을 사기 십상이에요
10) 손님들이 발을 끊기 십상이지

2. ④

읽기

1.
1) 태양
2) 금성
3) 지구
4) 화성

2.
1) ㉯
2) ㉰
3) ㉱
4) ㉮

3.
1) ③
2) ②

4.
1) 사고방식이
2) 비유

3) 지향
4) 시각이란
5) 동굴이

읽어 봅시다

1.
1) O
2) X
3) X
4) O

2. ④

3. 자유 응답

종합연습

1.
1) 단순한
2) 좋을걸요
3) 잠들어 버리기 십상이에요
4) 사교적인
5) 성실하게
6) 꼼꼼한
7) 겸손하

2.
1) ② 고집꾼 → 고집쟁이
2) ① 예술질 → 예술가
3) ③ 사냥쟁이 → 사냥꾼
4) ② 자랑거리다 → 자랑스럽다

UNIT 08 계절과 날씨

대화

1) 영향권
2) 열대야, 잠을 설치는
3) 기승을 부릴
4) 날이 갠
5) 후텁지근한, 강수량은
6) 한창

문형연습

형용사, 동사 + ~(ㄴ/는)다니요
~(으/느)냐/자/(으)라니요
명사 + ~(이)라니요 📌

1.
1) 잘 안 오다니요/안 온다니요

2) 고등학생이라니요
3) 지난달에 샀는데 반품하신다니요/반품하시다니요/반품이라니요
4) 따뜻하다니요
5) 한 잔만 더 하러 가자니
6) 다 끝냈냐니요
7) 고기 잘 먹느냐니요
8) 괜찮다니요
9) 둘째를 낳으라니요
10) 우승을 했다니요/우승이라니요

형용사, 동사 + ~기는 틀리다

1.
1) 합격하기는 틀렸어요
2) 채용되기는 틀렸어요
3) 이번 주도 일이 많아서 놀러 가기는 틀린 것 같아
4) 잘되기는 틀렸어
5) 우승하기는 틀렸네요
6) 그 경품 받기 틀렸네/차 바꾸기는 틀렸네

2.
1) 여행가기는 틀렸네요/계곡에서 캠핑하기는 틀렸네요
2) 오늘 밤도 푹 자기는 틀렸네요/불쾌지수 때문에 기분 좋게 일하기는 틀렸네요
3) 차가 많이 막힐 테니까 일찍 출발해야 하니 늦잠자기는 틀렸네요/자동차로 출근하기는 틀렸네요. 지하철을 타야겠어요
4) 올해 농사도 잘 되기는 틀렸네요/농민들이 물 걱정 때문에 발 뻗고 자기는 틀렸네요

형용사, 동사 + ~(으)ㄴ/는걸요
명사 + ~인걸요

1.
1) 쌀쌀해졌는걸요
2) 후텁지근한걸요
3) 포근한걸요
4) 찜통더위인걸요

2.
1) 갔는걸요
2) 모르겠는걸
3) 매운걸요
4) 많은걸요
5) 별로 힘들지 않은걸요

듣기 1

1.
1) 차림
2) 안팎
3) 웃돌면서

4) 각별히
5) 분포로
6) 다소
7) 유의하십시오

2. 자유 응답

듣기 2

1.
1) 대비
2) 진열하면
3) 튀었을
4) 신규 가입
5) 평년, 이익을 보
6) 연상 작용을
7) 흥미로운

읽어 봅시다

1.
1) O
2) O
3) X

2. 자유 응답

종합연습

1) 출근했는걸요
2) 장마
3) 최고 기온
4) 선선해졌으면
5) 변덕스러운데
6) 잠이나 잤으면 좋겠다니요
7) 마른하늘에 날벼락
8) 퇴근하기는 틀렸네요
9) 이열치열

이지코리안 아카데미
(イージーコリアンアカデミ, Easy Korean Academy)

Easy Korean 의 저자!
한국어 교육의 명문!

– 누구라도 쉽게 공부할 수 있는 교육 프로그램
– 전문 강사진에 의한 다양하고 재미있는 수업
– 친절하고 철저한 학습 관리

Easy Korean's author!
Well known as a best Korean learning center!

- Easy to learn program.
- We provide well qualified teachers and exciting class.
- Welcoming environment and professionally managed.

Easy Korean の著者!
韓国語教育の名門!

- 誰でも優しく学習できる教育プログラム
- 専門講師陣による楽しく多様な授業
- 親切で徹底的な学習管理

Easy Korean的著者！
韩国语教育的名门。

– 我们制作对任何人都容易的韩语教育节目
– 专家讲师团为您营造多样有趣的课堂氛围
– 亲切而彻底的学习管理

Easy Korean Academy
Tel : 82-02-511-9314, 7095 / Fax: 82-02-511-7096
Home page : http://www.easykoreanacademy.com
http://www.edukorean.com

〈Easy Korean Academy 교재 출판부〉

● 저자 ●

김명수
Easy Korean Academy 강사
김민정
Easy Korean Academy 강사

● 감수 ●

김현정
Easy Korean Academy 교육실장
김주희
Easy Korean Academy 출강팀 팀장

쉬워요 한국어 워크북
easy Korean workbook for foreigners 5B

초판인쇄 _ 2016년 11월 7일
초판발행 _ 2016년 11월 25일

저자_ Easy Korean Academy
펴낸이_ 엄태상
책임 편집_ 정유항, 장은혜, 김효은
마케팅_ 이상호, 오원택, 이승욱, 김동현, 전한나, 박나연
온라인 마케팅_ 김마선, 정지혜, 심유미, 이유라

펴낸곳 _ 한글파크
주소_ 서울시 종로구 자하문로 300 시사빌딩
주문 및 교재 문의_ 1588-1582
팩스_ (02) 3671-0500
홈페이지_ www.sisabooks.com
이메일_ sisabooks@naver.com
등록일자_ 2000년 8월 17일
등록번호_ 제 1-2718호

ISBN 978-89-5518-782-3 14710
ISBN 978-89-5518-412-9 (set)